DES PIERRES GRAVÉES

EMPLOYÉES

DANS LES SCEAUX DU MOYEN ÂGE

PAR

G. DEMAY,

ARCHIVISTE AUX ARCHIVES NATIONALES.

PARIS.

IMPRIMERIE NATIONALE.

M DCCC LXXVII.

DES PIERRES GRAVÉES

EMPLOYÉES

DANS LES SCEAUX DU MOYEN ÂGE

PAR

G. DEMAY,

ARCHIVISTE AUX ARCHIVES NATIONALES.

PARIS.

IMPRIMERIE NATIONALE.

M DCCC LXXVII.

DES PIERRES GRAVÉES

EMPLOYÉES

DANS LES SCEAUX DU MOYEN ÂGE.

Les sceaux ménagent quelquefois à ceux qui les étudient de véritables surprises. On voit tout à coup l'imagerie sigillaire, abandonnant les emblèmes usités au moyen âge, laissant de côté blason, légendes pieuses, architecture gothique, chevalerie, revenir brusquement aux temps mythologiques de la Grèce, ou encore évoquer les traits des empereurs de l'ancienne Rome.

La petite proportion des personnages représentés, le fini, le poli de l'exécution, trahissent un travail pratiqué sur une matière beaucoup plus dure que les métaux réservés d'ordinaire à la fabrication des matrices. La pureté du dessin, la grandeur du style, un modelé magistral, font remonter la date de quelques-unes de ces œuvres aux belles époques de l'art antique. Enfin des traces de sertissure prouvent que l'on a sous les yeux des empreintes de pierres gravées qui ont été employées à sceller des actes.

L'attention une fois éveillée, si l'on pousse plus avant les recherches, on ne tarde pas à s'apercevoir que l'antiquité n'a pas seule une part dans le concours prêté par la glyptique à la sigillographie. De nouvelles sources sont découvertes, de nouvelles provenances reconnues. Certaines empreintes de pierres gravées retracent des sujets chrétiens; d'autres offrent des symboles se rattachant à l'obscure doctrine des gnostiques; il en est d'autres encore qui semblent être les produits d'un art encore cultivé en Occident.

Entre les empreintes de pierres gravées reproduites par les sceaux, quelques-unes sont en creux et dues par conséquent à l'application d'une pierre travaillée en relief, d'un camée. Mais la plupart forment saillie et doivent leur origine à des intailles.

Tantôt la pierre gravée constitue seule tout le sceau; telle serait l'empreinte laissée par un chaton de bague. Tantôt, et c'est le cas le plus fréquent, elle est enchâssée dans une bande de métal sur laquelle est gravée la légende. D'autres fois le champ est occupé par un assemblage de plusieurs pierres : sur les sceaux des foires de

Champagne, 1267, 1292, 1322, l'écu est accosté de deux intailles; les sceaux de Hugues IV, duc de Bourgogne, 1234; de Jean de Joinville, le chroniqueur, 1255, portent trois pierres dans le champ; le contre-sceau de Thibaud le Posthume, comte de Champagne, en 1234, se compose de quatre intailles. Dans un nombre assez restreint de sceaux, la pierre, simple accessoire, occupe seulement une étroite place du champ, comme au sceau équestre du même Thibaud le Posthume, où l'on remarque, sous le ventre du cheval, un petit Centaure. On rencontre aussi des exemples de pierres encastrées dans le corps de la légende : sur les sceaux et les contre-sceaux de Denis et d'Alfonse, rois de Portugal, 1318, 1325, quatre intailles divisent la légende en portions égales.

L'étude de ces pierres, qui constituent à elles seules un sceau ou qui en deviennent une partie intégrante, invite à rechercher les rapports pouvant exister entre elles et le possesseur. On est également porté à se demander quelles raisons purent déterminer leur emploi.

Au nombre des motifs qui me paraissent expliquer la présence des pierres gravées dans les sceaux, je placerai : le luxe, l'ostentation, la satisfaction résultant de la possession de matières précieuses et rendues plus précieuses encore par le travail; un goût artistique qui devait être parfois assez élevé, puisqu'il faisait accepter une Vénus toute nue par l'abbaye de Jumiéges ou une Léda par l'archidiacre de Soissons, si l'usage de ces deux intailles n'était pas l'effet de l'ignorance la plus naïve; l'habitude qu'avaient les premiers chrétiens d'associer au petit nombre d'emblèmes de leur foi ceux que la tradition païenne leur avait transmis, les transformant tantôt au moyen de la légende, tantôt par des retouches matérielles. C'est ainsi que sur, le contre-sceau de Nicolas, abbé de Saint-Étienne de Caen, une Victoire ailée est accompagnée de ces mots : *Ecce mitto angelum meum*, de même que, sur le contre-sceau du chapitre de Saint-Pierre et Saint-Julien du Mans, une intaille grecque, un cavalier poursuivant une biche, est entourée de la légende : *Capite vulpes parvulas*, tandis que des Victoires deviennent des anges par l'addition d'une croix, et des cavaliers antiques des saints Georges par une retouche ajoutant une lance et un dragon. Le symbolisme a contribué aussi pour sa part à l'usage des pierres. Des personnages du prénom de Jean ont été amenés à se servir d'intailles représentant des aigles, par allusion à l'aigle de saint Jean : témoin les sceaux de Jean de Préaux, en 1210; de Jean, abbé d'Auchy, 1219; de Jean de Tour, trésorier de l'ordre du Temple, 1295. Il faut encore tenir compte de la mode du temps, alors que calices, crosses, chasubles, reliquaires, coffrets, couvertures de livres étaient recouverts de pierres fines. On doit surtout ranger au nombre des principaux motifs qui ont déterminé l'emploi des pierres gravées les propriétés curatives, les vertus surnaturelles attribuées aux gemmes pendant tout le moyen âge. Leur pouvoir était, à cette époque, estimé capable de contre-balancer même le jugement de Dieu. Dans un combat judiciaire à Cassel, du 20 février 1396, on fait jurer aux champions qu'ils n'ont sur le corps ni reliques, ni écrits, ni *pierres* ou autres choses en lesquelles ils aient plus de confiance que dans leur droit.

Si maintenant nous interrogeons les légendes qui enchâssent les pierres, non-seulement elles ne fourniront pas le moindre éclaircissement sur les relations que nous voudrions établir, mais encore leur lecture nous révélera quelquefois d'étranges contradictions.

Les pierres gravées ici mentionnées appartiennent pour la plupart à des types ecclésiastiques, et l'inscription qui les entoure consiste d'ordinaire dans la formule bien connue *Sigillum secreti*, *Secretum meum*, *Custos sigilli*, *etc.*, ou bien elle indique le nom et les qualités du personnage qui scelle. Mais il arrive parfois qu'elle emprunte un texte sacré, une maxime, qui, tout en s'adaptant à la qualité du possesseur, contraste singulièrement avec la nature du sujet représenté. Je citerai quelques exemples : Sur le contre-sceau de Nicolas, abbé de Saint-Maur-des-Fossés, 1245, autour d'un triomphe de Silène, on lit : *Gratia Dei sum id quod sum.* Une Minerve au contre-sceau de Guillaume, commandeur d'Éterpigny au XIIe siècle, a pour légende : *Servus sum pauperum.* Une autre Minerve au contre-sceau de Raoul, abbé de Saint-Corneille de Compiègne, est accompagnée de *Spiritus Domini super me.* Sur le contre-sceau du chapitre de Noyon, 1209, un grylle, dans la composition duquel entre une tête silénique, est entouré des premiers mots de la salutation angélique : *Ave Maria gracia plena.* Ailleurs on rencontre un vers léonin, mais il n'a trait qu'à l'authenticité de l'acte. Jean Mancel, trésorier de l'église de Warwick, 1259, emploie une tête de Trajan, avec le vers : *Qualis sit mittens, signat imago nitens.*

Les sceaux laïques ne nous renseignent pas davantage, tout en offrant de semblables oppositions. Omphale nue, la massue d'Hercule sur l'épaule, au contre-sceau de Frédéric III, roi de Sicile, 1306, nous dit : *Inicium sapiencie timor Domini.* Une Omphale se voit encore au sceau de Guillaume Flote, 1326; elle a pour légende ce texte tiré de l'évangile de saint Jean : *Et verbum caro factum est.*

Un autre genre d'intérêt me paraît se rattacher à l'étude de ces empreintes de pierres gravées. D'abord les actes datés auxquels elles sont appendues leur donnent un certificat d'ancienneté, une authenticité incontestable; en d'autres termes, on est sûr que leur origine est antérieure à la date de la pièce qui les porte. De plus, elles nous révèlent des types encore ignorés, ou augmentent, en multipliant les variétés, le nombre des sujets déjà connus. Elles sont appelées surtout à jeter quelque lumière sur une question qui garde encore bien des obscurités. Je veux parler de la gravure en Occident pendant le moyen âge. Au XIVe siècle, le fait est incontestable, l'Occident avait ses graveurs de pierres fines. Nos comptes témoignent formellement de leur existence. Cette nouvelle suite sigillographique nous apporte, à ce qu'il semble, des œuvres qui pourraient faire remonter cet art, dans nos pays, à une date plus reculée, et établir un lien plus étroit, une succession moins interrompue entre les pierres anciennes et celles du XIVe siècle. Mais je ne me sens pas une autorité suffisante pour aborder cette question d'histoire de l'art, et je me contente d'apporter des éléments pouvant servir à la solution du problème.

Les considérations qui précèdent m'ont engagé à dresser l'inventaire des pierres gravées contenues dans les sceaux, sans me laisser arrêter par certaines difficultés que je ne dois pas laisser ignorer. Les empreintes sont quelquefois loin de posséder la netteté des pierres qu'elles représentent. La cire qui nous les a transmises date de plusieurs siècles, et a été exposée, dans ce long intervalle, à bien des accidents, et, par conséquent, à des déformations. De là des tâtonnements dans l'identification des sujets figurés, et sans doute des erreurs pour lesquelles je sollicite d'avance, de la part des érudits, l'honneur d'une rectification.

Je me suis aidé, dans ce travail, de nos collections publiques, et plus particulièrement du riche Cabinet des médailles et antiques de la Bibliothèque nationale, où j'ai plutôt abusé qu'usé de la bienveillance des conservateurs et des employés chargés de ce département. Je citerai souvent le catalogue de M. Chabouillet. J'ai consulté aussi les nombreux ouvrages à figures, et, toutes les fois que j'ai cru saisir des analogies, je renvoie à ces autorités.

Le nombre des pierres gravées relevées dans les sceaux, défalcation faite des empreintes trop frustes ou trop incomplètes, s'élève à trois cent soixante-sept, dont trois cent soixante-deux intailles et cinq camées. Leur inventaire a été divisé en cinq groupes :

1° Pierres antiques, comprenant les sujets religieux et héroïques, les scènes de mœurs et usages, les bustes, les animaux et les fruits, les grylles;

2° Iconographie romaine;

3° Pierres chrétiennes;

4° Pierres gnostiques;

5° Pierres paraissant devoir être attribuées au moyen âge.

Des planches accompagnent le texte. Ne pouvant donner toutes les pierres, j'ai dû faire un choix parmi les pièces antiques; mais je reproduis toutes les pierres chrétiennes, toutes les pierres attribuées au moyen âge, et toutes celles dont je n'ai pu réussir à déterminer le sujet.

PIERRES GRAVÉES.

I. — PIERRES ANTIQUES.

SUJETS RELIGIEUX ET HÉROÏQUES.

1. JUPITER SÉRAPIS, barbu, le modius sur la tête. Buste à gauche.

Intaille à un diplôme de Charlemagne, du 8 mars 812; Arch. nat. anc. Coll. n° 16. — Haut. 25 mill. larg. 18.

Cf. Chabouillet, *Cab. des Ant.* n° 1411, 2017 et suiv. — J. Overbeck, *Griechische Kunstmythologie II*, Gemmentafel IV; — Millin, *Pierres gravées inédites*, pl. LII; — Musée du Louvre, sculpture antique.

2. JUPITER. Buste à droite.

Intaille au sceau de Leonardo Frescobaldi, marchand florentin, 1516; Arch. nat. anc. Coll. n° 11745. — Haut. 11 mill. larg. 9.

Cf. J. Overbeck, *Griech. Kunstmyth. II*, Gemmentafel I.

3. JUPITER. Buste lauré à droite.

Intaille au sceau de Bertaud Jobelin, lieutenant du bailli de Cotentin, 1345; Arch. nat. anc. Coll. n° 5116. — Haut. 13 mill. larg. 11.

Voy. la note du numéro précédent.

4. JUPITER. Buste à droite.

Intaille au contre-sceau de Laurent, abbé de Saint-Lomer de Blois, 1226; Arch. nat. anc. Coll. n° 8552. — Diamètre 11 mill.

Voy. la note du n° 2.

5. JUPITER. Buste à droite; au-dessous, l'aigle; à droite et à gauche, une enseigne romaine.

Intaille au contre-sceau de Guillaume, comte de Glocester, XIIe siècle; Arch. nat. anc. Coll. n° 10137. — Haut. 17 mill. larg. 14.

Cf. Gori, *Thesaurus gemmarum*, t. I, pl. XIX et LXXXII; le même, *Museum florentinum*, t. I, pl. LIV, fig. 9 à 11, et pl. LV, fig. 2; — Gorlæus, *Dactyliotheca*, t. I, fig. 122; — *Pierres gravées* du prince Caraffa Noya, pl. VI; — colonel Leake, *Fitzwilliam museum*, pl. I, fig. 24.

6. Jupiter. Buste à droite.

Intaille, d'un travail barbare, au sceau de Jean Doing de Bouny d'Aire, chanoine de Lille, 1266; Arch. nat. sceaux de la Flandre, n° 6447. — Diam. 19 mill.

Cf. Chabouillet, *Cab. des Ant.* n° 1418.

7. Jupiter Ammon. Buste à droite.

Intaille au sceau de Guillaume de la Mora, sergent du roi, 1270; Arch. nat. anc. Coll. n° 5348. — Haut. 12 mill. larg. 10.

Cf. Chabouillet, *Cab. des Ant.* n° 1433; — J. Overbeck, *Griechische Kunstmythologie II*, Gemmentafel IV.

8. Jupiter assis sur un trône, de face, tenant un sceptre; à ses pieds et à droite, l'aigle.

Intaille au contre-sceau d'Alain de Dinan, seigneur de Vitré, XIIe siècle; Arch. nat. anc. Coll. n° 3922, et sceaux de la Normandie, n° 16173. — Haut. 15 mill. larg. 12.

Cf. Chabouillet, *Cab. des Ant.* n° 1419; — Voy. le Cabinet des méd. de la Bibl. nat. — J. Overbeck, *Griech. Kunstmyth. II*, Gemmentafel II; — Worlidge, *Ant. gems*, t. I, pl. XXXIII[1].

9. Isis avec le modius sur la tête. Buste à droite; devant le visage, un caducée ou un serpent enroulé autour d'une tige.

Intaille au contre-sceau d'André Polin, prieur des Hospitaliers, 1247; Arch. nat. sceaux de l'Artois, n° 2850. — Haut. 13 mill. larg. 11.

[1] Les planches de l'ouvrage de Worlidge sont groupées en petits fascicules, et chaque planche du groupe porte le même numéro d'ordre. On devra donc se tenir en garde contre cet arrangement et consulter toute la série des gravures marquées d'un même chiffre.

10. Isis avec le modius sur la tête. Buste à droite.

Intaille au signet du vicaire général de Guillaume d'Estouteville, archevêque de Rouen, 1473; Arch. nat. sceaux de l'Ile-de-France, n° 664. — Haut. 13 mill. larg. 10.

11. Isis Fortune. Tête à droite.

Intaille au contre-sceau de l'abbaye de Saint-Martin de Pontoise, 1216; Arch. nat. anc. Coll. n° 8340. — Haut. 14 mill. larg. 9.

Voy. au Cabinet des Ant. collection de Jauzé, n° 48.

12. Mars. Buste à droite, barbu, casqué.

Intaille au sceau de Jacques de Braffe, professeur en lois, 1306; Arch. nat. sceaux de l'Artois, n° 2571. — Haut. 12 mill. larg. 11.

Cf. Chabouillet, *Cab. des Ant.* n° 1435.

13. Mars. Buste à droite, barbu, casqué, la chlamyde sur l'épaule.

Intaille au sceau de Jacques de Donze, prévôt de Notre-Dame de Bruges, 1298; Arch. nat. sceaux de la Flandre, n° 5647. — Haut. 23 mill. larg. 19.

Voy. H. Schuermans, *Bullet. des comm. roy. d'art et d'archéol.* 11ᵉ année, 7 et 8, page 360.

14. Mars debout, de face, casqué, appuyé sur son bouclier, armé d'une lance.

Intaille au sceau d'un baron anglais, 1259; Arch. nat. anc. Coll n° 10099. — Haut. 10 mill. larg. 8.

15. Mars debout, casqué, appuyé sur son bouclier, armé d'une lance.

Intaille au contre-sceau de Jacques, abbé de Saint-Pierre-sur-Dive, 1280; Arch. nat. anc. Coll. n° 9063. — Haut. 14 mill. larg. 10.

16. Mars combattant, debout, casqué, tenant son bouclier devant lui, la lance en avant.

Intaille au contre-sceau de Guillaume, évêque d'Avranches, XIIᵉ siècle; Arch. nat. anc. Coll. n° 6488. — Haut. 13 mill. larg. 10.

17. MARS debout, casqué, vêtu d'une chlamyde, appuyé sur sa lance, portant une statuette de la Victoire; à ses pieds son bouclier.

Intaille au sceau de Simon Wasselin, homme du château de Saint-Omer, 1305, 1311; Arch. nat. sceaux de l'Artois, n° 993. — Haut. 17 mill. larg. 13.

18. MARS debout, casqué, la chlamyde sur l'épaule, appuyé sur sa lance, tenant un objet en forme de M au bout d'une tige.

Intaille au contre-sceau de l'abbaye de Saint-Florent de Saumur, 1264; Arch. nat. anc. Coll. n° 8407. — *Haut.* 15 mill. larg. 11.

19. MARS debout, à gauche, casqué, vêtu d'une chlamyde, appuyé sur sa lance.

Intaille aux sceaux de Denis et d'Alfonse, rois de Portugal, 1318, 1325; Arch. nat. anc. Coll. n°s 11576, 11577. — Haut. 14 mill. larg. 6.

20. APOLLON. Buste lauré à droite.

Intaille au sceau de Guillaume l'Archevêque, seigneur de Partheuay, 1366; Arch. nat. anc. Coll. n° 3169. — Haut. 16 mill. larg. 12.

Cf. Chabouillet, *Cab. des Ant.* n° 1455.

21. APOLLON. Buste lauré à droite.

Intaille au contre-sceau de Henri II, évêque de Bayeux, 1164-1205; Arch. nat. sceaux de la Normandie, n° 15768. — Haut. 11 mill. larg. 9.

22. APOLLON. Buste à droite.

Intaille au contre-sceau de Jean, comte de Mortain, frère de Richard Cœur-de-Lion, 1193; Arch. nat. anc. Coll. n° 900. — Haut. 12 mill. larg. 9.

Cf. Chabouillet, *Cab. des Ant.* n° 1453.

23. APOLLON. Buste lauré à droite.

Intaille au sceau de Gautier de Poligny, valet de chambre du roi,

1303 : Arch. nat. sceaux de l'Artois, n° 1992. — Haut. 9 mill. larg. 7.

24. Apollon. Buste lauré à droite. Dans le champ une branche de laurier.

Intaille au sceau d'un clerc des comptes, 1388; Arch. nat. anc. Coll. n° 4447. — Haut. 11 mill. larg. 8.

Cf. Chabouillet, *Cab. des Ant.* n° 1453.

25. Apollon, debout à droite, lançant des flèches.

Intaille au sceau des foires de Champagne, 1267; Arch. nat. sceaux de la Flandre, n° 4891. — Haut. 12 mill. larg. 10.

26. Apollon Sauroctone, debout, nu, appuyé à la branche d'un laurier. Un lézard grimpe sur le tronc de l'arbre.

Intaille au signet de l'official de Térouane, 1302; Arch. nat. sceaux de la Picardie, n° 1124. — Haut. 12 mill. larg. 9.

Voy. Millin, *Pierres gravées inédites*, pl. V; — Musée du Louvre, sculpture antique.

27. Apollon Delphien, debout, appuyé sur son arc: à droite, le trépied. Dans le champ, des sigles effacés.

Intaille au sceau d'Ives de Chaumont, 1239: Arch. nat. sceaux de la Picardie, n° 240. — Haut. 15 mill. larg. 13.

28. Apollon nu, debout, jouant de la lyre? Derrière le dieu une colonne.

Intaille au sceau de Robert Binet, bourgeois de Bayeux, 1288; Arch. nat. sceaux de la Normandie, n° 16047. — Haut. 13 mill. larg. 10.

C'est la pose ordinaire donnée aux muses seules; voy. Stosch, *Pierres antiques gravées*, pl. XLV; — Bracci, *Ant. incisori*, t. II. pl. LXXXVIII; — *Pierres gravées* du prince Caraffa Noya, pl. VIII; — Wicar, *Galerie de Florence*, t. II, pl. 125.

29. Génie ailé d'Apollon, debout près de la lyre posée sur une colonne.

Intaille au contre-sceau de Simon, abbé de la Réal, 1303; Arch. nat. sceaux de la Normandie, n° 16534. — Haut. 12 mill. larg. 10

30. Génie ailé d'Apollon, assis, jouant de la lyre.

Intaille au contre-sceau de Notre-Dame d'Arras, 1200; Arch. nat. sceaux de la *Flandre*, n° 6022. — Haut. 15 mill. larg. 11.

31. Génie ailé, assis, tenant un objet difficile à déterminer, peut-être un instrument de musique.

Intaille au sceau d'Adam d'Aire, orfèvre, 1299; Bibl. nat. titres scellés de Clairamb. reg. 3. — Diam. 10 mill.

Cf. au Cabinet des Ant. collection de M. de Luynes : Éros citharède.

32. Génie ailé, assis, de profil à droite. Fragment.

Intaille au sceau de Gui de *Dampierre*, 1249; Arch. nat. anc. Coll. n° 1991. — Haut. 9 mill. larg. 7.

33. Esculape debout, s'appuyant sur le bâton autour duquel s'enroule le serpent, tenant un coq? Derrière le dieu une colonne.

Intaille au *contre-sceau de Jourdain de Sauqueville*, XIIIe siècle; Arch. nat. sceaux de la Normandie, n° 14512. — Haut. 11 mill. larg. 9.

34. Pégase.

Intaille au sceau de Jacques Manin, échevin de Bourbourg, 1304; Arch. nat. anc. Coll. n° 4078. — Haut. 9 mill. larg. 11.

Cf. Chabouillet, *Cab. des Ant.* n°s 1799, 1800; — Michel Ange. *Gem. antique*, pl. CLVII.

35. Pégase.

Intaille au sceau de Simon d'Airaines, chanoine d'Angers, 1261; Arch. nat. anc. Coll. n° 7720. — Haut. 11 mill. larg. 14.

Voy. la note du numéro précédent.

36. Diane? Buste lauré à gauche.

Intaille au sceau de Carloman, 769; Arch. nat. anc. Coll. n° 14. — Haut. 29 mill. larg. 25.

37. Diane chasseresse, l'arc et le carquois sur l'épaule. Buste à droite.

Intaille au contre-sceau de Raoul III, vicomte de Beaumont, 1211. Arch. nat. anc. Coll. n° 828. — Haut. 19 mill. larg. 15.

Cf. Chabouillet, *Cab. des Ant.* n° 1498; — Gori, *Mus. florent.* t. I, pl. LXVII, fig. 1 à 6; — Gorlæus, *Dactyliotheca*, t. I. fig. 153.

38. Diane chasseresse, debout, l'arc à la main, prenant une flèche dans son carquois; à ses pieds, un chien qui court.

Intaille au deuxième contre-sceau de Louis le Jeune, 1176; Arch. nat. anc. Coll. n° 37. — Haut. 23 mill. larg. 17.

39. Minerve avec le casque surmonté d'un cimier, l'égide devant la poitrine. Buste à droite.

Intaille au sceau de Gautier, archidiacre d'Anvers, 1305; Arch. nat. sceaux de la Flandre, n° 6112. — Haut. 17 mill. larg. 12.

Cf. Chabouillet, *Cab. des Ant.* n°s 26 à 35, 1503 à 1512. — Voy. Bracci, *Ant. incisori*, t. I, pl. XXIX : Minerva salutifera; — Gori, *Mus. florent.* t. I, pl. LX et LXI; — Stosch, *Pier. ant.* pl. X et XIII; — Maffei, *Gem. ant.* t. II, pl. LXIV à LXVII.

40. Minerve avec le casque surmonté d'une aigrette et l'égide. Buste à droite.

Intaille au contre-sceau de Gui, prieur de Coincy, 1287; Arch. nat. anc. Coll. n° 9504. — Haut. 17 mill. larg. 10.

Pour cette Minerve et les suivantes, voy. la note du numéro précédent.

41. Minerve avec le casque surmonté d'une aigrette. Buste à droite.

Intaille au sceau de Geoffroi de Charny, 1354; Arch. nat. sceaux de la Flandre, n° 702, et anc. Coll. suppl. n° 528. — Haut. 15 mill. larg. 12.

42. Minerve casquée, avec l'égide. Buste à gauche.

Intaille au sceau de Jean Pilli, marchand florentin, 1516; Arch. nat. anc. Coll. n° 11749. — Haut. 12 mill. larg. 11.

43. Minerve? Buste à droite.

Intaille au contre-sceau de Gillon de Caen, évêque de Coutances, 1247; Arch. nat. anc. Coll. n° 6590. — Haut. 13 mill. larg. 11.

44. Minerve avec le casque à aigrette, armée d'un bouclier et de deux javelots. Buste à droite.

Intaille au signet de l'official de Térouane, 1326; Arch. nat. anc. Coll. n° 7062. — Haut. 12 mill. larg. 9.

45. Minerve avec le casque surmonté d'une aigrette. Buste à droite.

Intaille au signet de l'official de Rouen, 1268, 1284; Arch. nat. anc. Coll. n° 7061, et sceaux de la Normandie, n° 14671. — Haut. 11 mill. larg. 9.

46. Minerve casquée, avec l'égide. Buste à droite.

Intaille au contre-sceau de Raoul, abbé de Saint-Corneille de Compiègne, 1239; Arch. nat. anc. Coll. n° 8661. — Haut. 15 mill. larg. 12.

47. Minerve avec le casque surmonté d'une aigrette, l'égide sur la poitrine. Buste à droite.

Intaille au sceau d'un baron anglais, 1259; Arch. nat. anc. Coll. n° 10097. — Haut. 11 mill. larg. 9.

48. Minerve casquée. Buste à gauche.

Intaille au sceau de Guillaume, commandeur d'Éterpigny, XIIe siècle; Arch. nat. anc. Coll. n° 9911. — Haut. 9 mill. larg. 6.

49. Minerve avec le casque surmonté d'une aigrette, armée d'un javelot. Buste à gauche.

Intaille au signet d'un clerc de la chambre des comptes, 1398; Arch. nat. anc. Coll. n° 4449. — Haut. 13 mill. larg. 12.

50. Minerve casquée. Buste à droite.

Intaille au contre-sceau de Gautier, archidiacre d'Anvers, 1305; Arch. nat. sceaux de la Flandre, n° 6112. — Haut. 10 mill. larg. 8.

51. Minerve debout, casquée, armée d'un bouclier, tenant une petite Victoire.

Intaille au sceau de Sauval, doyen rural d'Amécourt, 1239; Arch. nat. anc. Coll. n° 7877. — Haut. 25 mill. larg. 13.

Pierre dont l'exécution barbare a son analogue dans une Fortune du Cabinet des Ant. sous le n° 1725.

52. Minerve debout, casquée, tenant une lance, la main sur son bouclier.

Intaille au contre-sceau du chapitre de Notre-Dame de Vernon, XIIIe siècle; Arch. nat. sceaux de la Normandie, n° 17013. — Haut. 12 mill. larg. 9.

53. Minerve Apaturienne? La déesse, assise sur un trône, tient un enfant sur les genoux et paraît lui montrer un petit Génie ou une Victoire volant au-dessus de sa tête; à ses pieds son bouclier.

Intaille au contre-sceau de Wautier, prévôt du chapitre de L....., 1241; Arch. nat. sceaux de l'Artois, n° 2402. — Haut. 18 mill. larg. 16.

La représentation de cette pierre, sans analogue connu, se prête à différentes interprétations. On peut y voir: Minerve présidant aux inscriptions des enfants dans les phratries d'Athènes, aux fêtes des Apaturies; ou l'adoption d'Érichtonius; ou bien encore une Rome nicéphore; ou plutôt Rome indiquant la Victoire à un de ses empereurs. — Voy. H. Schuermans, *Bullet. des comm. roy. d'art et d'archéol.* 11e année, 7 et 8, page 356. La pierre appartenait, en 1227, à Gilles de Eversain, prévôt de Notre-Dame de Courtrai

54. Méduse avec les ailes à la tête. Buste à droite.

Intaille au sceau de Jean Perceval, 1275; Arch. nat. anc. Coll. n° 3191. — Haut. 21 mill. larg. 18.

Cf. Chabouillet, *Cab. des Ant.* n°s 109, 116, 117, 1525, 1526; — *Trés. de numism. myth. grecque*, pl. XXVII, fig. 11, 12 et 13; — Bracci, *Ant. incisori*, t. II, pl. CIX.

Pour cette Méduse et les suiv. voy. Gori, *Mus. florent.* t. I, pl. XXXII et XXXIII; — Maffei, *Gem. antich.* t. II, pl. LXIX, t. IV, pl. XXVI à XXVIII; — Stosch, *Pier. antiq.* pl. LXV; — Natter, *Méth. de graver*, pl. XIII; — Worlidge, *Ant. gems*, t. II, pl. I, IX et XIV; — Wicar, *Gal. de Florence*, t. II, pl. 124.

55. Méduse avec les ailes à la tête. Buste de trois quarts.

Intaille au sceau de Jean de Thuin, pourvoyeur de l'hôpital de Sainte-Élisabeth de Valenciennes, 1353; Arch. nat. sceaux de la Flandre, n° 7568. — Haut. 17 mill. larg. 14.

Cf. Chabouillet, *Cab. des Ant.* n°s 110, 112; — voy. la note du n° 54.

56. Méduse, tête de face avec les ailes et la chevelure de serpents.

Intaille au contre-sceau de François de Monte-Fiascone, écolâtre de Cambrai, 1337; Arch. nat. sceaux de la Flandre, n° 6231. — Diam. 9 mill.

Cf. Chabouillet, *Cab. des Ant.* n° 1527; — *Trés. de numism. myth. grecq.* pl. XXVII. fig. 5, 7, 9; — voy. la note du n° 54.

57. Méduse, tête de face avec les ailes et les serpents.

Intaille au contre-sceau de Roger, abbé de Saint-Florent de Saumur, 1264; Arch. nat. anc. Coll. n° 9087. — Haut. 18 mill. larg. 13.

Voy. la note des n°ˢ 54 et 56.

58. Aréthuse. Buste de trois quarts, les cheveux flottant sur les épaules, un collier autour du cou.

Intaille à un sceau secret du roi Jean, 1363; Arch. nat. anc. Coll. n° 61. — Haut. 12 mill. larg. 9.

Cf. J. Overbeck, *Griech. Kunstmyth. II,* Gemmentafel V, fig. n° 10, où une tête analogue est attribuée à la nymphe Io. — Consulter H. de Luynes, *Études sur quelques types relatifs au culte d'Hécate.* Après avoir reconnu le même type à Syracuse, à Larisse, etc., l'auteur l'appelle Aréthuse, Méduse, Cérès, Rhéa, etc., et finit par conclure que les têtes de face, les cheveux épars, appartiennent à un cycle de symboles telluriques. — Voy. Bracci, *Ant. incisori,* t. II, pl. LXIII: Isis.

59. Victoire? Buste lauré à droite.

Intaille au contre-sceau de Jean de Joinville, sénéchal de Champagne, 1255; Arch. nat. anc. Coll. suppl. n° 1181. — Haut. 13 mill. larg. 10.

60. Victoire ailée, conduisant un bige.

Intaille au sceau de Renaud II, comte de Gueldre, 1341; Arch. nat. anc. Coll. n° 10801. — Haut. 7 mill. larg. 13.

Cf. Chabouillet, *Cab. des Ant.* n°ˢ 1543, 1544.

61. Victoire ailée, debout, érigeant un trophée soutenu par un génie.

Intaille au contre-sceau de Thibaud IV, comte de Champagne, 1236; Arch. nat. anc. Coll. n° 572. — Haut. 33 mill. larg. 23.

Voy. la Victoire de Brescia, au musée du Louvre. — On sait que les types des Victoires sont fréquents sur les médailles et les monnaies grecques et romaines.

62. Victoire ailée, debout, tenant une couronne.

Intaille au contre-sceau de Pierre, sous-chantre de Paris, 1215; Arch. nat. anc. Coll. n° 7652. — Haut. 15 mill. larg. 9.

63. Victoire ailée, debout, tenant une couronne.

Intaille au sceau de Vaast le Maire, bourgeois d'Arras, 1267; Arch. nat. sceaux de la Flandre, n° 4496. — Haut. 11 mill. larg. 9.

Cf. Chabouillet, *Cab. des Ant.* n°s 1534, 1537 à 1539.

64. Victoire ailée, debout, tenant une couronne.

Intaille au contre-sceau de Nicolas, abbé de Saint-Étienne de Caen, 1282; Arch. nat. anc. Coll. n° 8574. — Haut. 12 mill. larg. 9.

Cf. Chabouillet, *Cab. des Ant.* n°s 1534, 1537 à 1539.

65. Victoire ailée, debout, tenant une couronne.

Intaille au contre-sceau de l'abbaye de Saint-Riquier, 1275; Arch. nat. anc. Coll. n° 8392. — Haut. 13 mill. larg. 12.

Cf. Chabouillet, *Cab. des Ant.* n°s 1534, 1537 à 1539.

66. Victoire ailée, debout, tenant une couronne.

Intaille au contre-sceau de Raoul, abbé de Saint-Martin de Tournay, 1239, 1254; Arch. nat. anc. Coll. n°s 7614, 9134. — Haut. 14 mill. larg. 10.

67. Victoire ailée, debout tenant . . . . .; à ses pieds un bouclier.

Intaille au contre-sceau de Robert Marmion, chevalier, XIIIe siècle; Arch. nat. sceaux de la Normandie, n° 16020. — Haut. 17 mill. larg. 13.

68. Victoire ailée, debout.

Intaille au sceau des foires de Champagne, 1332; Arch. nat. anc Coll. n° 4493. — Haut. 15 mill. larg. 11.

69. Victoire ailée, debout, écrivant sur un bouclier posé sur un autel.

Intaille au sceau d'Adam Esturion, homme du château d'Arras, 1244; Arch. nat. sceaux de l'Artois, n° 735. — Haut. 21 mill. larg. 13.

70. Victoire ailée, assise, écrivant sur un bouclier.

Intaille au contre-sceau du doyen de Saint-Quiriace de Provins, 1268; Arch. nat. anc. Coll. n° 7577. — Haut. 18 mill. larg. 15.

71. Victoire ailée, assise à droite.

Intaille au sceau d'Ansel de Joinville, seigneur de Reynel, 1314; Arch. nat. anc. Coll. n° 2491. — Haut. 11 mill. larg. 8.

72. Victoire Fortune ailée, debout, tenant des épis.

Intaille au sceau de Mathieu Memento Mei, XIIIe siècle; Arch. nat. sceaux de la Normandie, n° 15954. — Haut. 12 mill. larg. 10.

Cf. Chabouillet, *Cab. des Ant.* n° 1535. — Voy. Maffei, *Gem. antich.* t. III, pl. LXX, LXXIII; — Wicar, *Galer. de Florence*, t. I, pl. 37, 82.

73. Victoire Fortune ailée, debout, casquée, tenant des épis; à ses pieds un gouvernail.

Intaille au contre-sceau d'Hilaire, abbé de Bourgueil-en-Vallée, 1194; Arch. nat. sceaux de l'Île-de-France, n° 846. — Haut. 13 mill. larg. 10.

Cf. Chabouillet, *Cab. des Ant.* n°s 1635, 1636. — Voy. la note du n° 72.

74. Vénus. Buste à gauche.

Intaille au contre-sceau de Henri, abbé de Saint-Vaast, 1195; Arch. nat. sceaux de l'Artois, n° 2631, et sceaux de la Normandie, n° 15165. — Haut. 18 mill. larg. 17.

75. Vénus. Buste à droite. Fragment.

Intaille au sceau du vicaire général de l'archevêque de Rouen, 1389; Arch. nat. sceaux de la Normandie, n° 14377. — Haut. 14? mill. larg. 12.

Cf. Chabouillet, *Cab. des Ant.* n° 1547.

76. Vénus. Buste à droite.

Intaille au contre-sceau de *Jean de Maubeuge, chanoine de Condé*, 1299; Arch. nat. sceaux de la Flandre. n° 6425. — Haut. 10 mill. larg. 8.

Cf. Chabouillet, *Cab. des Ant.* n° 1547.

77. Vénus. Buste à droite.

Intaille au *sceau de Pierre de Montfort*, 1263; Arch. nat. anc. Coll. n° 10170. — Haut. 13 mill. larg. 10.

Cf. Chabouillet, *Cab. des Ant.* n° 1547.

78. Vénus. Buste couronné de myrte, à droite. Dans le champ, une tige de myrte.

Intaille au *contre-sceau de Guillaume de Champagne*, archevêque de Sens, 1176; Arch. nat. sceaux de l'Île-de-France, n° 861. — Haut. 19 mill. larg. 15.

Cf. la Vénus des monnaies de la famille Æmilia.

79. Vénus? Buste à gauche.

Intaille au *sceau d'un général* conseiller des aides, 1404; Bibl. nat. titres scellés de Clairamb. reg. 20. — Haut. 10 mill. larg. 8.

80. Vénus Anadyomène. Buste à droite.

Intaille au sceau de Pierre de la Marlière, bailli de Saint-Omer, 1321; Arch. nat. sceaux de l'Artois, n° 1446. — Haut. 13 mill. larg. 11.

Voy. le Cabinet des Médailles de la Bibl. nat.

81. Vénus nue, debout, le pied sur un rocher, tenant un objet indistinct, peut-être un casque?

Intaille au sceau de Jean de Dijon, chapelain de madame de Valois, 1327; Bibl. nat. titres scellés de Clairamb. reg. 40. — Haut. 15 mill. larg. 10.

82. Vénus nue, debout, vue de dos, ajustant sa ceinture.

Intaille au sceau de Jean Gougeul, 1356; Bibl. nat. titres scellés de Clairamb. reg. 54. — Haut. 13 mill. larg. 11.

83. Vénus sortant du bain, nue, debout, penchée, la main sur ses vêtements? posés à terre.

Intaille au sceau d'Eudes de Saint-Germain, 1290; Arch. nat. sceaux de l'Artois, n° 611. — Haut. 14 mill. larg. 11.

84. Vénus nue, debout. Fragment.

Intaille au contre-sceau de l'abbaye de Jumiéges, 1217; Arch. nat. anc. Coll. n° 8253. — Haut. 35 mill. larg. 20?

85. Vénus nue, debout, appuyée à un arbre. Empreinte fruste.

Intaille au sceau de Téélin le Bas de Louviers, 1220; Arch. nat. sceaux de la Normandie, n° 14758. — Haut. 24 mill. larg. 14.

86. Vénus Victrix, debout, à demi nue, tenant un casque, appuyée à une colonne.

Intaille au contre-sceau de Hugues IV, duc de Bourgogne, 1234; Arch. nat. anc. Coll. n° 469. — Haut. 15 mill. larg. 10.

Cf. Chabouillet, *Cab. des Ant.* n°s 1553 à 1572. — Voy. Gori, *Mus. florent.* t. I, pl. LXXII, fig. 1 à 6; — Maffei, *Gem. ant.* t. III, pl. IV; — Gorlæus, *Dactyl.* t. II, fig. 73 et 219; — colonel Leake, *Gems in the Fitzwilliam museum*, pl. II, fig. 7.

87. Vénus Victrix, debout, nue, casquée, le bouclier au bras, la lance sur l'épaule, appuyée à un autel?

Intaille au contre-sceau du chapitre de Saint-Étienne de Limoges, 1317; Arch. nat. anc. Coll. n° 7196. — Haut. 15 mill. larg. 12.

Voy. la note du n° 86.

88. Vénus Victrix?, debout, nue, casquée, le bras droit appuyé sur une colonne et tenant une lance; à ses pieds un petit autel.

Intaille au contre-sceau de Henri II, comte de Champagne, 1180-1197; Arch. nat. anc. Coll. n° 569. — Haut. 27 mill. larg. 18.

89. Vénus nue, assise, tenant un miroir?

Intaille au signet de Jean de Forgettes, official de Paris, 1308; Arch. nat. anc. Coll. n° 7058. — Haut. 7 mill. larg. 6.

Voy. Gori, *Mus. florent.* t. I. pl. LXXII, fig. 7 à 9; — Gorlæus, *Dactylioth.* t. II, fig. 166.

90. Vénus nue, assise sous un arbre, tenant un objet indistinct.

Intaille au contre-sceau de Frédéric, comte de Deux-Ponts, 1479; Arch. nat. anc. Coll. n° 11029. — Haut. 15 mill. larg. 10.

Voy. la note du n° 89.

91. Cupidon? Buste lauré à droite, l'arc et le carquois sur l'épaule.

Intaille au contre-sceau de Jean Ier, duc de Lothier et de Brabant, 1269, 1283; Arch. nat. anc. Coll. n° 10300, et sceaux de la Flandre, n° 240. — Haut. 14 mill. larg. 13.

92. Mercure. Buste à droite, avec les ailerons.

Intaille au contre-sceau de Simon, abbé de Saint-Josse-sur-Mer, 1320; Arch. nat. anc. Coll. n° 9043. — Haut. 12 mill. larg. 11.

93. Mercure debout, coiffé du pétase, la chlamyde sur l'épaule, tenant le caducée et une bourse.

Intaille au contre-sceau de Barthélemy de Graincourt, abbé de Saint-Aubert de Cambrai, 1221; Arch. nat. sceaux de la Flandre, n° 6894. — Haut. 12 mill. larg. 10.

Cf. Chabouillet, *Cab. des Ant.* n°s 1599 à 1604. — Voy. les Mercures debout dans Gori, *Mus. florent.* t. I, pl. LXX; — Mich. Ange, *Gem. ant.* pl. LXV à LXVII.

94. Mercure debout, coiffé du pétase, la chlamyde sur l'épaule, tenant le caducée et une bourse; à ses pieds un coq.

Intaille au contre-sceau de Gui, prieur de Sainte-Marie d'Argenteuil, 1222; Arch. nat. anc. Coll. 9463. — Haut. 13 mill. larg. 10.

Voy. la note du n° 93.

95. MERCURE debout, coiffé du pétase, la chlamyde sur l'épaule, tenant le caducée et une bourse.

Intaille au sceau de l'official de Lisieux, 1281; Arch. nat. anc. Coll. n° 7053. — Haut. 12 mill. larg. 9.

Voy. la note du n° 93.

96. MERCURE debout, coiffé du pétase, la chlamyde sur l'épaule, tenant le caducée et une bourse.

Intaille au sceau de Thomas d'Évrecy, chevalier, 1229; Arch. nat. sceaux de la Normandie, n° 15703. — Haut. 13 mill. larg. 10.

Voy. la note du n° 93.

97. MERCURE debout, coiffé du pétase ailé, la chlamyde sur l'épaule, tenant le caducée et une bourse.

Intaille au contre-sceau de Guillaume de Pince, trésorier de l'église de Rennes, XIII° siècle; Arch. nat. anc. Coll. n° 7712. — Haut. 10 mill. larg. 8.

Voy. la note du n° 93.

98. MERCURE assis, la chlamyde sur l'épaule, le caducée et la bourse à la *main*.

Intaille au sceau de l'abbé de Montmorel, 1357; Arch. nat. sceaux de la Normandie, n° 16557. — Haut. 13 mill. larg. 10.

Cf. Chabouillet, *Cab. des Ant.* n°s 1611 à 1614.

99. PROSERPINE CORÉ. Buste à droite.

Intaille au sceau de Hamon le Bouteiller, XII° siècle; Arch. nat. sceaux de la Normandie, n° 16174. — Diamètre, 25 mill.

On pourrait encore appeler Ariadne cette tête, qui appartient au plus bel art de la Grèce.

Cf. *Numi veteres Italiæ:* Metapontum.

100. NYMPHE. Buste à droite.

Intaille au sceau de François Frescobaldi, marchand florentin, 1516; Arch. nat. anc. Coll. n° 11740. — Haut. 12 mill. larg. 9.

101. BACCHUS POGON. Buste de face, couronné de lierre. Fragment.

Camée au sceau de Pépin le Bref, 753; Arch. nat. anc. Coll. n° 13. — Haut. 28 mill. larg. 20.

102. Bacchus couronné de lierre. Buste à droite.

Intaille au sceau de Nicolas du Bosc, évêque de Bayeux, 1391; Arch. nat. anc. Coll. n° 6502. — Haut. 12 mill. larg. 10.

103. Bacchus nu, couronné de pampres, tenant le thyrse d'une main et de l'autre une patère, assis sur un trône; à ses pieds une panthère.

Intaille au contre-sceau de Robert de Vitré, 1161; Arch. nat. anc. Coll. n° 3928, et sceaux de la Normandie, n° 16158. — Haut. 13 mill. larg. 10. — D'autres pourraient voir, dans cette intaille, Cybèle, tourellée, tenant le sceptre et une patère, ayant à ses pieds un lion.

Cf. Chabouillet, *Cab. des Ant.* Cybèle, n° 1618.

104. Éducation de Bacchus. Le petit dieu à demi couché sous un arbre, étendant les bras vers Silène assis vis-à-vis de lui. Celui-ci tient le pedum et un vase.

Intaille au contre-sceau de Baudouin d'Avesnes, seigneur de Beaumont, 1276; Arch. nat. sceaux de l'Artois, n° 130. — Haut. 12 mill. larg. 11.

Voy. H. Schuermans, *Bullet. des comm. roy. d'art et d'archéol.* 11e année, 7 et 8, p. 356.

105. Prêtre de Bacchus, ou Bacchus lui-même?, debout, vêtu d'une tunique talaire, le thyrse sur l'épaule, tenant un vase chargé de raisins?

Intaille au sceau de Milon, sire de Noyers, 1325; Arch. nat. sceaux de la Flandre, n° 1405, — et au sceau d'Ansel de Joinville, 1335; Bibl. nat. tit. scel. de Clairamb. reg. 61. — Haut. 17 mill. larg. 9.

Voy. Gori, *Mus. florent.* t. I, pl. LXXXVII, fig. 3. — Maffei, *Gem. antich.* t. III, pl. XXXII: — Wicar, *Galer. de Florence*, t. II, pl. CI.

106. Génie de Bacchus sur une panthère.

Intaille au contre-sceau de Hugues IV, duc de Bourgogne, 1234; Arch. nat. anc. Coll. n° 469. — Haut. 9 mill. larg. 10.

Cf. Chabouillet, *Cab. des Ant.* n° 1636.

107. Génie sur une panthère en marche.

Intaille au contre-sceau de Guillaume, abbé de Saint-Jean de Sens, 1224; Arch. nat. anc. Coll. n° 9097. — Haut. 14 mill. larg. 15.

Voy. Maffei, *Gem. antich.* t. III, pl. XII.

108. Ariadne? Buste à droite.

Intaille au sceau de Nicolas le Flament, drapier de Paris, 1370; Bibl. nat. tit. scel. de Clairamb. reg. 47. — Haut. 13 mill. larg. 8.

109. Triomphe de Silène. Silène tenant le thyrse et une coupe, monté à rebours sur un âne qu'un faune tient par la tête.

Intaille aux contre-sceaux de Nicolas, de Jean d'Auxonne et de Pierre, abbés de Saint-Maur-des-Fossés, 1245, 1253, 1260; Arch. nat. anc. Coll. n°s 9052 à 9054. — Haut. 14 mill. larg. 16.

110. Pan. Tête de face, barbue, avec deux cornes sur le front.

Intaille au sceau de Bernard Pilli, marchand florentin, 1516; Arch. nat. anc. Coll. n° 11748. — Haut. 12 mill. larg. 10.

111. Bacchante. Buste à droite, couronné de lierre.

Intaille au sceau d'un des gens des comptes, 1298; Bibl. nat. titres scellés de Clairamb. reg. 67. — Haut. 13 mill. larg. 11.

Cf. Chabouillet, *Cab. des Ant.* n°s 1645, 1646.

112. Bacchante dans le délire de l'ivresse, dansant, la tête renversée, la poitrine saillante.

Intaille au sceau de Jean de Béthisy, 1227; Arch. nat. anc. Coll. n° 1811. — Haut. 14 mill. larg. 11.

Cf. Chabouillet, *Cab. des Ant.* n° 1648; — Mariette, *Traité des pier. grav.* t. II, pl. XLI. — Voy. Gori, *Mus. florent.* t. I, pl. LXXXVII, fig. 1, et pl. XCIII, fig. 5; — *Pierres gravées* du prince Caraffa Noya, pl. XXII.

113. Bacchante sur un âne, tenant une coupe.

Intaille au sceau de Guillaume Martel, 1205; Arch. nat. anc. Coll. n° 2722. — Haut. 11 mill. larg. 14.

114. Faune. Buste à droite.

Intaille au contre-sceau de Jean, abbé de Saint-Martin de Laon, 1278; Arch. nat. anc. Coll. n° 8789. — Haut. 16 mill. larg. 12.

Voy. H. Schuermans, *Bullet. des comm. roy. d'art et d'archéol.* 11e année, 7 et 8, p. 357.

115. Faune assis auprès d'une nymphe. Jupiter et Antiope?

Intaille au sceau de Pierre du Drach, sergent d'armes du roi, 1342; Bibl. nat. titres scellés de Clairamb. reg. 41. — Haut. 11 mill. larg. 10.

116. Faune ou Bacchant jouant avec un chevreau. Personnage debout, la nébride sur l'épaule, tenant d'une main le pedum et de l'autre une grappe de raisin qu'un chevreau s'efforce d'atteindre.

Intaille au sceau de Guillaume d'Amiens, chapelain de l'église de Reims, 1273; Arch. nat. anc. Coll. n° 8008. — Haut. 17 mill. larg. 14.

Cf. Chabouillet, *Cab. des Ant.* n° 1649. — Voy. un Faune à la grappe dans Gori, *Mus. florent.* t. I, pl. LXXXVIII, fig. 3, et pl. XCIV, fig. 3; — dans Gorlæus, *Dactylioth.* t. I, fig. 61, et t. II, fig. 153.

117. Faune ou Bacchant courant, nu, la chlamyde flottante, coiffé du pétase, le pedum sur l'épaule, tenant .....

Intaille au sceau d'Évrard de Barghes, chanoine de Lille, 1303; Arch. nat. sceaux de la Flandre, n° 6450. — Haut. 12 mill. larg. 10.

Cf. Chabouillet, *Cab. des Ant.* n° 1634.

118. Faune devant un autel de Priape?

Intaille au sceau de frère Aimar, templier de Paris, 1222; Arch. nat. anc. Coll. n° 9874. — Haut. 10 mill. larg. 15.

119. Centaure.

Intaille au contre-sceau de Pierre, évêque d'Albano, légat du Saint-Siége, 1250; Arch. nat. sceaux de la Flandre, n° 5777. — Diam. 12 mill.

Cf. Chabouillet, *Cab. des Ant.* n° 1680.

120. Centaure armé d'un arc, tirant une biche. Dans le champ un arbre.

Intaille au sceau de Thibaud le Posthume, comte de Champagne, 1226; Arch. nat. anc. Coll. n° 572. — Haut. 11 mill. larg. 13.

121. Scène de Vendange. Génie ailé sur une panthère? traînant un char sur lequel est placée une corbeille. Fragment.

Intaille au sceau de Guillaume de Bouville, écuyer, 1302; Bibl. nat. titres scellés de Clairamb. reg. 19. — Haut. 10 mill. larg. 12.

122. Leucothée, déesse de la mer, les cheveux flottant sur les épaules. Buste à droite.

Intaille aux contre-sceaux de Pierre de Chamilly et de Mabile, femme de Gui de Chamilly, 1233, 1246 et 1269; Arch. nat. anc. Coll. n°s 1696, 1699, et supp. n° 903. — Haut. 19 mill. larg. 17.

Cf. Chabouillet, *Cab. des Ant.* n°s 1697, 1698. — Gori, *Mus. florent.* t. I, pl. LXXXV, fig. 1 à 3; — Worlidge, *Ant. gems*, t. II, pl. IV; — Maffei, *Gem. antich.* t. I, pl. LXXXII; — Gorlæus, *Dactylioth.* t. II, fig. 641.

123. Leucothée, déesse de la mer, les cheveux flottant sur les épaules. Buste à droite.

Intaille au sceau de Jean Chanteprime, doyen de Notre-Dame de Paris, 1410; Arch. nat. anc. Coll. n° 7568. — Haut. 13 mill. larg. 11.

Voy. la note du numéro précédent.

124. Néréide sur un triton ou sur un centaure marin.

Intaille au contre-sceau de Jean, abbé de Saint-Éloy de Noyon, 1287; Arch. nat. sceaux de la Flandre, n° 7137. — Haut. 11 mill. larg. 16.

Cf. Chabouillet, *Cab. des Ant.* n° 1701.

125. Néréide sur un cheval marin.

Intaille au sceau d'Eustache de Loudeham, clerc, 1222; Arch. nat. sceaux de la Normandie, n° 14390. — Haut. 17 mill. larg. 21.

Cf. Chabouillet, *Cab. des Ant.* n° 1699 et suiv. — Mariette, *Pier. grav. ant.* t. II, pl. XXXV.

126. Néréide sur un cheval marin.

Intaille au contre-sceau de Denis, roi de Portugal, 1318, et au sceau d'Alfonse IV, roi de Portugal, 1325; Arch. nat. anc. Coll. n° 11576, 11577. — Haut. 9 mill. larg. 12.

Voy. la note du numéro précédent.

127. Cheval marin à gauche.

Intaille au contre-sceau de la ville de Béthune, 1270 et 1380; Arch. nat. sceaux de la Flandre, n° 3874, et anc. Coll. n° 5514. — Haut. 10 mill. larg. 14.

Cf. Chabouillet, *Cab. des Ant.* n° 87 et 1702; — Maffei, *Gem. antich.* t. IV, pl. LXIV; — colonel Leake, *Gems in the Fitzwilliam museum*, pl. II, fig. 14.

128. Cheval marin à droite.

Intaille au sceau de Richard de Sourdeval, prêtre, XIIe siècle; Arch. nat. anc. Coll. n° 7991. — Haut. 9 mill. larg. 13.

Voy. la note du numéro précédent.

129. Cheval marin à gauche.

Intaille au contre-sceau de Renaud, abbé de Saint-Florent de Saumur, 1250; Arch. nat. anc. Coll. 9086. — Haut. 11 mill. larg. 14.

Voy. la note du n° 127.

130. Cheval marin à gauche.

Intaille au sceau de Gilbert, prieur du Pecq, 1227; Arch. nat. anc. Coll. n° 9469. — Haut. 15 mill. larg. 18.

Voy. la note du n° 127.

131. Cheval marin à droite.

Intaille au contre-sceau de Jean, évêque de Chartres, 1311; Arch. nat. sceaux de l'Île-de-France, n° 692. — Haut. 9 mill. larg. 12.

Voy. la note du n° 127.

132. CHEVAL MARIN à gauche, aptère.

Intaille au contre-sceau d'Adam Silvain, chevalier, 1236; Arch. nat. sceaux de la Normandie, n° 16097. — Haut. 9 mill. larg. 12.

Voy. la note du n° 127.

133. FLEUVE. Tête humaine, à cornes et à oreilles de taureau. Buste de face.

Intaille au sceau d'Alfonse d'Espagne, seigneur de Lunel, 1325; Arch. nat. sceaux de la Flandre, n° 858. — Haut. 8 mill. larg. 7.

Voy. A. Maury, *Relig. de la Grèce ant.* t. I, p. 162; — Millin, *Galerie mytholog.* t. I, fig. 311, et *Pier. grav. inéd.* pl. XLV; — Gori, *Mus. florent.* pl. LIV, fig. 8, et *Thes. gemm.* t. I, pl. LVIII.

134. FORTUNE debout, tenant d'une main une corne d'abondance et de l'autre deux épis; à ses pieds un gouvernail.

Intaille au contre-sceau de Godefroi, abbé de Saint-Lucien de Beauvais, 1366; Arch. nat. sceaux de la Picardie, n° 1350. — Haut. 14 mill. larg. 9.

Cf. Chabouillet, *Cab. des Ant.* n° 1723 et suiv. — Voy. les Fortunes dans Gori, *Mus. florent.* t. I, pl. XCVIII, et *Thes. gemm.* t. I, pl. 125 à 129; — Maffei, *Gem. antich.* t. III, pl. LXX, LXXIII; — Gorlæus, *Dactyl.* t. I, fig. 5; — Wicar, *Galer. de Florence*, t. I, pl. XXXVII et LXXXII.

135. FORTUNE debout, tenant d'une main la corne d'abondance, et de l'autre . . . . .

Intaille au sceau de Geoffroi de Combray, 1202; Arch. nat. sceaux de la Normandie, n° 15674. — Haut. 16 mill. larg. 12.

Voy. la note du n° 134.

136. FORTUNE debout, tenant d'une main une corne d'abondance, et de l'autre un gouvernail?

Intaille au sceau de Gautier de Loudeham, chevalier, 1261; Arch. nat. sceaux de la Normandie, n° 14436. — Haut. 12 mill. larg. 10.

Voy. la note du n° 134.

137. FORTUNE assise, tenant d'une main une corne d'abondance, et de l'autre deux épis.

Intaille au contre-sceau de Hugues IV, duc de Bourgogne, 1234; Arch. nat. anc. Coll. n° 469. — Haut. 13 mill. larg. 11.

138. FORTUNE assise, tenant d'une main une corne d'abondance, et de l'autre deux épis; à ses pieds un gouvernail?

Intaille au contre-sceau de frère *Léonard de Tibertis*, *prieur des* Hospitaliers de Venise, 1315; Arch. nat. anc. Coll. n° 11727. — Haut. 15 mill. larg. 12.

Voy. Gori, *Thes. gemm.* t. I, pl. CXXXII; — Mich. Ange, *Gem. antiq.* pl. CVI; — Wicar, *Galer. de Florence*, t. I, pl. X, XXXVII et LXXXII.

139. FORTUNE assise, tenant une corne d'abondance et un épi.

Intaille au contre-sceau de Gilbert, seigneur de l'Aigle, 1215; Arch. nat. sceaux de l'Île-de-France, n° 4. — Haut. 14 mill. larg. 9.

Voy. la note du n° 138.

140. BONUS EVENTUS (Emblème de). Deux mains jointes, surmontées d'un oiseau becquetant un épi et des fruits.

Intaille au sceau de Barthélemy Tristan *de Villa in Colle*, écuyer, 1269; Arch. nat. sceaux de la Picardie, n° 668. — Haut. 9 mill. larg. 10.

Cf. Chabouillet, *Cab. des Ant.* n° 1742 à 1746.

141. DEUX CORNES D'ABONDANCE, réunies par un nœud. Entre elles, dans le champ, un objet indistinct. — Haut. 11 mill. larg. 14.

Intaille aux sceaux de Denis et d'Alfonse, rois de Portugal, 1318, 1325; Arch. nat. anc. Coll. n° 11576, 11577.

142. ÉQUITÉ OU JUSTESSE MONÉTAIRE. Femme debout, appuyée sur une haste (mesure de longueur), tenant des balances.

Intaille au contre-sceau de la cour du comte d'Anjou à Angers, 1293; Arch. nat. anc. Coll. n° 4502. — Haut. 13 mill. larg. 11.

Voy. Gori, *Mus. florent.* t. I, pl. XCIX, fig. 4 et 5; — Mich. Ange, *Gem. antiq.* pl. LXXXII; — Gorlæus, *Dactyl.* t. II, fig. 78 et 635.

143. CONCORDE. Deux personnages debout, l'un casqué, se donnant la main.

Intaille au contre-sceau de Bernard, abbé de Préaux, 1234; Arch. nat. anc. Coll. n° 8966. — Haut. 11 mill. larg. 8.

Cf. les Concordia augustorum, *Trés. de numism. icon. rom.* pl. XXXIII, fig. 4, pl. XLVI, fig. 3 et 4, pl. XLIX, fig. 10; — Gorlæus, *Dactyl.* t. II, fig. 243.

144. CONCORDE. Deux personnages debout, se donnant la main.

Intaille au contre-sceau de Thibaud le Posthume, comte de Champagne, 1234; Arch. nat. anc. Coll. n° 573. — Haut. 11 mill. larg 10.

Voy. la note du numéro précédent.

145. HERCULE, la barbe en pointe, coiffé de la peau du lion de Némée. Buste à gauche.

Intaille au sceau de Dominique de Canisains, marchand florentin, 1516; Arch. nat. anc. Coll. n° 11737. — Haut. 13 mill. larg. 12.

146. HERCULE imberbe. Buste à droite.

Intaille au sceau d'un certain Philippe, dit le Voyer, 1275; Arch. nat. anc. Coll. n° 6004. — Haut. 17 mill. larg. 13.

Cf. Chabouillet, *Cab. des Ant.* n°s 1752 à 1767; — Gori, *Dactyl. smith.* t. I, pl. XXIII, et *Mus. florent.* t. I, pl. XXXIV, fig. 2, et pl. XXXV, fig. 10 et 11.

147. HERCULE barbu. Tête de trois quarts.

Intaille au sceau de Jean de la Garde, lieutenant du trésorier des guerres, 1359; Bibl. nat. titres scellés de Clairamb. reg. 51. — Haut. 11 mill. larg. 7.

Cf. Wicar, *Galer. de Florence*, t. II, pl. CXXXIII.

148. HERCULE, tête barbue à droite.

Intaille au sceau de Prégent de Trélevez, chevalier, 1381; Arch. nat. anc. Coll. n° 3763. — Haut. 10 mill. larg. 7.

Cf. Gori, *Mus. flor.* t. I, pl. XXXIV, fig. 9 à 12, et *Dactyl. smithiana*, t. I, pl. XXV et XXVIII; — Worlidge, *Antiq. gems*, t. II, pl. I.

149. Hercule étouffant le lion de Némée. Dans le champ, à gauche, la massue.

Intaille au sceau de Guillaume de Mortemer, chevalier, 1224; Arch. nat. sceaux de la Normandie, n° 13923. — Haut. 25 mill. larg. 20.

Cf. Chabouillet, *Cab. des Ant.* n° 1762; — Gori, *Mus. florent.* t. I, pl. XXXVI, fig. 9.

150. Hercule combattant.

Intaille au sceau de l'abbé de Montmorel, 1342; Arch. nat. sceaux de la Normandie, n° 16558. — Haut. 13 mill. larg. 10.

151. Hercule debout, armé de la massue, portant sur son bras la peau du lion de Némée.

Intaille au sceau de Richard de Véronne, physicien de Jeanne de Bretagne, dame de Cassel, 1335; Arch. nat. sceaux de la Flandre, n° 5714. — Haut. 17 mill. larg. 14.

152. Hercule debout, appuyé sur la massue, les épaules couvertes de la peau du lion de Némée.

Intaille au sceau de Gilbert de Kirketon, clerc, 1225; Arch. nat. sceaux de la Normandie, n° 14394. — Haut. 16 mill. larg. 14.

153. Triomphe d'Hercule. Le fils de Jupiter debout sur un lion couché, tenant suspendue par les quatre pieds la biche du mont Cérynée, couronné par une Victoire.

Intaille au contre-sceau du sceau royal pour les juifs de Paris, 1206; Arch. nat. anc. Coll. n° 4495. — Haut. 18 mill. larg. 13.

154. Hercule au repos, assis sur un rocher recouvert de la peau du lion.

Intaille au contre-sceau de l'abbaye de Saint-Martin de Sécz, 1268: Arch. nat. anc. Coll. n° 8409. — Haut. 21 mill. larg. 19.

Cf. Chabouillet, *Cab. des Ant.* n° 2368; — Mariette, *Traité des pier. grav.* t. II, pl. LXXXIV et LXXXV.

155. Omphale coiffée de la peau du lion. Buste à droite.

Intaille au contre-sceau du chapitre de Saintes, 1245; Arch. nat. anc. Coll. n° 7317. — Haut. 17 mill. larg. 12.

Cf. Chabouillet, *Cab. des Ant.* nᵒˢ 1779 à 1783: — Gori. *Mus. florent.* t. I, pl. XXXV, fig. 1 à 6: — Worlidge, *Ant. gems*, t. I, pl. XXXVI, et t. II, pl. V; — Wicar, *Galer. de Flor.* t. II, pl. CLVI, CLXIV, CLXVI.

La même figure a été souvent appelée Hercule jeune. — On pourrait encore voir, dans cette représentation, Alexandre en Hercule; voy. au Cabinet des Ant. la médaille donnée par Napoléon III. — Voy. aussi Antinoüs en Hercule, au Louvre, sculpture antique.

156. Omphale coiffée de la peau du lion. Buste à droite.

Intaille au sceau de Guillaume Flote, chevalier, 1346; Bibl. nat. titres scellés de Clairamb. reg. 48. — Haut. 13 mill. larg. 11.

Voy. la note du numéro précédent.

157. Omphale à demi-nue, marchant, couverte de la peau du lion de Némée, la massue d'Hercule sur l'épaule.

Intaille au sceau de Frédéric III, roi de Sicile, 1306; Arch. nat. anc. Coll. n° 11770. — Haut. 15 mill. larg. 9.

Cf. Chabouillet, *Cab. des Ant.* n° 1784; — Gori, *Mus. florent.* t. I, pl. XXXVIII, fig. 7 à 9; — Worlidge, *Antiq. gems*, t. I, pl. XXVI, et t. II, pl. XX; — Maffei, *Gem. antich.* t. II, pl. CI et CII; — Mich. Ange, *Gem. antiq.* pl. CXV; — Ogle, *Coll. of gems*, pl. XXXIX.

158. Omphale à demi nue, marchant, couverte de la peau du lion de Némée, la massue d'Hercule sur l'épaule.

Intaille au contre-sceau de Geoffroi, archidiacre de Paris, 1230: Arch. nat. anc. Coll. n° 7418. — Haut. 23 mill. larg. 15.

Voy. la note du numéro précédent.

159. Omphale à demi nue, marchant, couverte de la peau du lion de Némée, la massue d'Hercule sur l'épaule.

Intaille au sceau de Jean de Bailleul, chanoine de Saint-Martin d'Ypres, 1326; Arch. nat. anc. Coll. n° 10781. — Haut. 13 mill. larg. 10.

Voy. la note du n° 157.

160. Omphale à demi nue, marchant, couverte de la peau du lion de Némée, la massue d'Hercule sur l'épaule.

Intaille au sceau de Jean de Ribemont, clerc, 1294; Arch. nat. sceaux de l'Artois, n° 1969. — Haut. 20 mill. larg. 12.

Voy. la note du n° 157.

161. Omphale à demi nue, marchant, couverte de la peau du lion de Némée, la massue d'Hercule sur l'épaule.

Intaille au deuxième contre-sceau de l'abbaye de la Trinité de Fécamp, 1211; Arch. nat. anc. Coll. n° 8220. — Haut. 19 mill. larg. 12.

Voy. la note du n° 167.

162. Léda couchée. (Le cygne indistinct.)

Intaille au sceau d'André, archidiacre de Soissons, 1189; Arch. nat. anc. Coll. n° 7450. — Haut. 19 mill. larg. 24.

Cf. Gorlæus, *Dactyl.* t. I, fig. 21; — Mariette, *Pier. grav. ant.* t. I, pl. LXXI.

163. Les dioscures Castor et Pollux, debout, à demi nus, la chlamyde sur l'épaule, se tenant par la main.

Intaille au contre-sceau d'Ansel de Joinville, sénéchal de Champagne, 1323, 1335; Arch. nat. anc. Coll. n° 308, et Bibl. nat. titres scellés de Clairamb. reg. 61. — Haut. 14 mill. larg. 10.

Cf. Chabouillet, *Cab. des Ant.* n° 1786 à 1788.

164. Les dioscures Castor et Pollux, debout, à demi nus, la chlamyde sur l'épaule, appuyés chacun sur une lance.

Intaille au contre-seau de l'abbaye de Saint-Étienne de Caen, 1282; Arch. nat. anc. Coll. n° 8168. — Haut. 11 mill. larg. 8.

Voy. la note du numéro précédent.

165. Castor dressant un cheval.

Intaille au contre-sceau de Philippe de Dreux, évêque de Beauvais, 1201; Arch. nat. anc. Coll. n° 6511. — Haut. 14 mill. larg. 19.

166. Ulysse? debout, le pied sur un rocher, le coude appuyé sur son genou, dans l'attitude de la persuasion.

Intaille au contre-sceau de Gui de Dampierre, 1249; Arch. nat. anc. Coll. n° 1991. — Haut. 16 mill. larg. 12.

167. Méléagre et Atalante. Fragment.

Intaille au sceau du prieur de Plympton en Devonshire, XIIIe siècle; Arch. nat. anc. Coll. n° 10250. — Haut. 16 mill. larg. 11.

Cf. Bracci, *Ant. incis.* pl. CXI; — Stosch, *Pier. ant. grav.* pl. LXVII.

168. Méléagre combattant un lion.

Intaille au contre-sceau de l'abbaye de Saint-Germer de Flay, 1234 et 1364; Arch. nat. sceaux de la Picardie, n° 1334, et anc. Coll. n° 8375. — Haut. 14 mill. larg. 20.

169. Deux Sphinx ailés, courant.

Intaille au contre-sceau d'Arnoul, évêque d'Amiens, 1237; Arch. nat. anc. Coll. n° 6440. — Haut. 11 mill. larg. 14.

170. Génie funèbre, ailé, debout, tenant un flambeau renversé.

Intaille au sceau de Nicolas, clerc, XIIIe siècle; Arch. nat. sceaux de la Normandie, n° 17014. — Haut. 22 mill. larg. 15.

Cf. Chabouillet, *Cab. des Ant.* n°s 1711, 1712; — Gori, *Mus. florent.* t. I, pl. LXXIV, fig. 7.

MOEURS ET USAGES.

171. Sacrifice funéraire. Femme debout, tenant l'urne sépulcrale, devant un autel surmonté de la statue du Dieu.

Intaille au sceau de Mahaut, dame de Verchin, 1268; Arch. nat. sceaux de la Flandre, n° 1809. — Haut. 18 mill. larg. 10.

Cf. Camée du musée de Piombino : prêtresse d'Apollon sacrifiant devant la statue de ce Dieu; — *Trés. de numism. galer. mythol.* pl. XLVI, fig. 13; — Gori, *Mus. florent.* t. II, pl. LXXVI, fig. 4; — Wicar, *Galer. de Florence*, t. II, pl. CXXXVIII.

172. Sacrifice. Personnage debout, tenant une coupe et deux raisins? devant un autel.

Intaille au contre-sceau de Bernier, abbé de Saint-Symphorien de Beauvais, 1222; Arch. nat. sceaux de la Picardie, n° 1352. — Haut. 14 mill. larg. 12.

173. Adoration. Divinité dans un temple élevé sur des gradins

et à toiture ronde comme celle des temples de Vesta; à droite, un adorant. Un arbre ombrage le monument.

Intaille au contre-sceau de Pierre de Hotot, chevalier, 1219; Arch. nat. sceaux de la Normandie, n° 15111. — Haut. 26 mill. larg. 19.

Cf. les monnaies de la Syrie : culte d'Astarté.

174. Adoration. Guerrier debout, à gauche, armé d'un bouclier, touchant à un autel.

Intaille au contre-sceau de Jean de Journy, chevalier, 1305; Arch. nat. sceaux de l'Artois, n° 384. — Haut. 15 mill. larg. 12.

Cf. Gorlæus, *Dactylioth.* t. II, fig. 63.

175. Adoration. Personnage à droite, assis devant un autel.

Intaille au sceau d'Étienne l'Arbalétrier, 1340; Arch. nat. sceaux de l'Artois, n° 1869. — Haut. 11 mill. larg. 12.

176. Guerrier debout devant un autel, étendant le bras comme pour prêter un serment; au pied de l'autel son bouclier.

Intaille au contre-sceau de Jacques de Tournay, homme de la cour de Mons, 1472; Arch. nat. sceaux de la Flandre, n° 3600. — Diamètre, 13 mill.

177. Deux guerriers combattant. Celui de droite terrassé, appuyé sur le bras qui tient le bouclier.

Intaille aux contre-sceaux de Denis et d'Alfonse, rois de Portugal, 1318, 1325; Arch. nat. anc. Coll. n°s 11576, 11577. — Haut. 13 mill. larg. 17.

178. Guerrier casqué, chaussant ses cnémides.

Intaille au contre-sceau d'Alfonse, roi de Portugal, 1325; Arch. nat. anc. Coll. n° 11577. — Haut. 11 mill. larg. 9.

179. Personnage nu, courbé, brisant avec le pied une branche d'arbre dont il tient l'extrémité.

Intaille au sceau de Milon de Vaux, chanoine de Laon, 1241; Arch. nat. sceaux de la Picardie, n° 1235. — Haut. 16 mill. larg. 13.

Cf. Chabouillet, *Cab. des Ant.* n° 1837.

180. Personnage assis sur une cliné.

Intaille au contre-sceau de l'abbé de Bonne-Espérance, 1315, 1328; Arch. nat. sceaux de la Flandre, n°s 6875, 6876. — Haut. 13 mill. larg. 10.

Cf. *Trés. de numism. galer. myth.* pl. XVI, fig. 2.

181. Deux personnages nus, debout et vis-à-vis. Celui de gauche, le pied sur un rocher, position ordinaire de Neptune, et tenant, au-dessus d'un personnage plus petit, un objet difficile à déterminer.

Intaille au contre-sceau de Guillaume de Tournebu, évêque de Coutances, 1179-1202; Arch. nat. anc. Coll. n° 6588, et sceaux de la Normandie, n° 16177. — Haut. 16 mill. larg. 15.

On serait tenté d'expliquer le sujet de cette pierre par un Faune jouant de la flûte et un jeune Faune dansant. L'objet indéterminé serait une outre.

182. Personnage assis sur un trône à dossier élevé et dont le siége est soutenu par deux traverses en X, recevant des mains d'un personnage debout (un esclave?) un vase couvert. Dans le champ, entre les deux personnages, on distingue un X et plus bas un I. Au bord une inscription fruste.

Intaille au sceau de Foulques Painel, 1205, 1230; Arch. nat. anc. Coll. n°s 3146, 3147. — Haut. 24 mill. larg. 31.

Faut-il chercher dans cette intaille, d'une basse époque, l'image d'un empereur auquel un vaincu présente le globe du monde, comme par exemple dans les monnaies des Parthes après Septime-Sévère, ou bien une représentation barbare de Cérès tenant la terre?

183. Même sujet. Mais sans traces d'inscription.

Intaille au contre-sceau de Richard, évêque de Winchester, 1174-1189; Arch. nat. sceaux de la Normandie, n° 16728. — Haut. 18 mill. larg. 23.

Voy. la note du numéro précédent.

184. Même sujet. Entre les deux personnages, les lettres X et I, l'une au-dessus de l'autre.

Intaille au contre-sceau de l'abbé de Saint-Étienne de Fontenay, près Caen, 1271; Arch. nat. anc. Coll. n° 8724. — Haut. 12 mill. larg. 16.

Voy. la note du n° 182.

185. Personnage assis de profil (le personnage des trois sujets précédents, seul).

Intaille au contre-sceau de Pierre, abbé du Mont-Saint-Martin, 1264; Arch. nat. sceaux de la Flandre, n° 7125. — Haut. 22 mill. larg. 15.

Voy. la note du n° 182.

186. Rencontre. Deux personnages debout, dans un maintien respectueux, et, devant eux, une femme d'une plus grande proportion, vêtue d'une longue robe.

Intaille au sceau de Servais, abbé de Montmorel, xie-xiie siècle; Arch. nat. sceaux de la Normandie, n° 16180. — Haut. 24 mill. larg. 14.

187. Cavalier galopant à gauche.

Intaille au contre-sceau de Guillaume du Hommet, connétable de Normandie, 1235; Arch. nat. anc. Coll. n° 324. — Haut. 17 mill. larg. 21.

188. Cavalier galopant à droite.

Intaille au sceau de Nicolas de la Londe, avant 1222; Arch. nat. sceaux de la Normandie, n° 14750. — Haut. 20 mill. larg. 26.

189. Cavalier à droite.

Intaille fruste au sceau d'Ansel de Joinville, seigneur de Reynel, 1314; Arch. nat. anc. Coll. n° 2491. — Haut. 14 mill. larg. 11.

190. Aurige dirigeant un quadrige (Apollon dans son char attelé de quatre chevaux ?).

Intaille au contre-sceau de Thibaud de Falconnet, abbé de Luxeuil, 1300; Arch. nat. anc. Coll. n° 8813. — Haut. 14 mill. larg. 18.

Cf. Chabouillet, *Cab. des Ant.* n° 1866, et, pour Apollon, n° 1479 et suiv. — Voy. des auriges dans Maffei, *Gem. antich.* t. IV, pl. XLIX à LI.

191. Aurige conduisant un char à deux chevaux.

Intaille au contre-sceau de Guillaume de la Roche, seigneur de Nolay, 1272; Arch. nat. anc. Coll. n° 3405. — Haut. 9 mill. larg. 10.

192. Personnage à cheval sur un lion, lui déchirant la gueule.

Intaille au sceau de Guillaume de Ayreminne, chanoine de Warwick, 1325; Arch. nat. anc. Coll. n° 10241. — Diam. 16 mill.

193. Chasseur, le lagobolon sur l'épaule, portant une pièce de gibier suspendue à cet engin; à ses pieds, un chien assis.

Intaille au contre-sceau de Jacques de Saint-Aubert, chanoine de Tournay, 1294; Arch. nat. sceaux de la Picardie, n° 1251. — Haut. 10 mill. larg. 6.

194. Chasseur, le lagobolon sur l'épaule. Une pièce de gibier est suspendue à chaque extrémité de l'engin.

Intaille au sceau de Nicolas de Lintot, chevalier, 1302; Bibl. nat. titres scellés de Clairamb. reg. 65. — Haut. 15 mill. larg. 12.

Cf. Mich. Ange, *Gem. antiq.* pl. CXXXV.

195. Scène de chasse. Cavalier atteignant un cerf.

Intaille au contre-sceau du chapitre de Saint-Pierre et Saint-Julien du Mans, 1291; Arch. nat. anc. Coll. n° 7211. — Haut. 12 mill. larg. 16.

196. Chevrier debout, vêtu du cucullus, appuyé sur un bâton; près de lui deux chèvres broutant les feuilles d'un arbuste.

Intaille au contre-sceau de Jean de Martigné, abbé de Saint-Taurin d'Évreux, 1207; Arch. nat. anc. Coll. n° 8701. — Haut. 13 mil. larg. 12.

Cf. Chabouillet, *Cab. des Ant.* n° 1906; — Gorlæus, *Dactyl.* t. I, fig. 166.

197. Laboureur avec deux chevaux.

Intaille au sceau de Mathilde la Grosse, bourgeoise de Rouen, 1224; Arch. nat. anc. Coll. n° 4120. — Haut. 12 mill. larg. 16.

BUSTES.

198. HIPPOCRATE. Buste à droite.

Intaille au contre-sceau de Barthélemy de Dreux, XIIIe siècle; Arch. nat. anc. Coll. n° 2044. — Haut. 17 mill. larg. 14.

Voy. au Cab. des méd. les monnaies de Cos.

199. ÉPHÈBE nu. Buste à droite.

Intaille au contre-sceau de Lambert II, évêque de Térouane, 1201; Arch. nat. anc. Coll. n° 6887. — Haut. 22 mill. larg. 17.

Voy. H. Schuermans. *Bullet. des comm. roy. d'art et d'archéol.* 11e année, 7 et 8, p. 354.

200. ÉPHÈBE. Buste à droite.

Intaille au sceau de Hugues, chanoine de Cambrai, 1226; Arch. nat. sceaux de la Flandre, n° 6384. — Haut. 11 mill. larg. 7.

201. BUSTE de vieillard barbu à droite.

Intaille au sceau d'André de Florence, trésorier de Reims, 1328; Arch. nat. sceaux de la Flandre, n° 4867. — Haut. 17 mill. larg. 13.

202. BUSTE de vieillard barbu à droite.

Intaille au contre-sceau de Nicolas de Luzarches, prévôt d'Auvers dans l'église de Chartres, 1305; Arch. nat. anc. Coll. n° 7681. — Haut. 14 mill. larg. 11.

203. BUSTE de vieillard barbu à gauche.

Intaille au signet de Bureau de la Rivière, chambellan du roi, 1375; Arch. nat. anc. Coll. n° 250. — Haut. 7 mill. larg. 6.

204. BUSTES conjugués à droite. L'un barbu, coiffé d'un bonnet, l'autre féminin.

Intaille au sceau de Jean de Berwick, chanoine de Warwick, XIIIe siècle; Arch. nat. anc. Coll. n° 10242. — Haut. 16 mill. larg. 13.

205. Buste à droite, diadémé.

Intaille au sceau de Marguerite de Flandre, duchesse de Bourgogne, 1405; Arch. nat. sceaux de la Flandre, n° 104. — Haut. 14 mill. larg. 11.

206. Buste à gauche, diadémé.

Intaille au sceau de Robert de Pytering, chanoine de Warwick, 1302; Arch. nat. anc. Coll. n° 10243. — Haut. 14 mill. larg. 11.

207. Buste à gauche, diadémé.

Intaille au signet d'Eudes IV, duc de Bourgogne, 1338, et au contre-sceau d'Olivier le Fèvre, général trésorier des aides, 1364; Arch. nat. sceaux de l'Artois, n° 29, et sceaux de la Flandre, n° 5623. — Haut. 12 mill. larg. 10.

208. Buste de face.

Intaille au contre-sceau de Jean, abbé de Saint-Vincent de Laon, 1229; Arch. nat. sceaux de la Picardie, n° 1395. — Haut. 18 mill. larg. 12.

ANIMAUX ET FRUITS.

209. Lion couché.

Intaille au contre-sceau de Pierre, évêque de Chartres, 1181; Arch. nat. sceaux de l'Île-de-France, n° 854. — Haut. 19 mill. larg. 22.

210. Lion marchant à droite.

Camée au contre-sceau d'Eustache de Granville, 1214; Arch. nat. anc. Coll. n° 2316. — Haut. 16 mill. larg. 24.

Cf. Chabouillet, *Cab. des Ant.* n°s 131, 132.

211. Lion courant à droite.

Intaille au contre-sceau de Simon de Montfort, comte de Leicester, 1211; Arch. nat. anc. Coll. n° 708. — Haut. 10 mill. larg. 13.

212. Lion marchant à droite.

Intaille au contre-sceau de Simon de Montfort, comte de Leicester, 1211; Arch. nat. anc. Coll. n° 708. — Haut. 9 mill. larg. 11.

213. Lion marchant à droite.

Intaille au sceau de Richard Gireult, curé de Montebourg, 1453; Arch. nat. sceaux de la Normandie, n° 16393. — Haut. 10 mill. larg. 13.

214. Lion marchant à gauche.

Intaille au sceau de Richard de Fontenay, XIIIe siècle; Arch. nat. anc. Coll. n° 2212. — Haut. 12 mill. larg. 17.

215. Lion marchant à gauche.

Intaille au contre-sceau de Guillaume de Pute-Monnoie, 1232; Arch. nat. anc. Coll. n° 3327. — Haut. 9 mill. larg. 14.

216. Lion marchant à droite. Dans le champ, deux étoiles et un croissant.

Intaille au contre-sceau de Gautier, chambrier de France, 1203, et au contre-sceau d'Ursion de Méréville, XIIe siècle; Arch. nat. anc. Coll. n° 232, et sceaux de l'Île-de-France, n° 706. — Haut. 16 mill. larg. 21.

217. Lion ou Panthère marchant à gauche.

Intaille au sceau d'Alard de Saint-Aubert, 1351; Arch. nat. sceaux de la Flandre, n° 2212. — Haut. 11 mill. larg. 12.

218. Lion courant à droite.

Intaille au contre-sceau de l'Hôtel-Dieu de Montmorillon, 1385; Arch. nat. anc. Coll. n° 9965. — Haut. 8 mill. larg. 11.

219. Lion debout à droite, entre deux arbres.

Intaille au contre-sceau de l'abbaye de la Sainte-Trinité de Fécamp, 1204; Arch. nat. anc. Coll. n° 8220. — Haut. 13 mill. larg. 19.

Pierre dans le genre des gnostiques, représentant peut-être le signe du zodiaque.

220. Lion terrassant un taureau.

Intaille au sceau d'Arrigo dello Strego de Lucques, monnayeur, 1356; Arch. nat. sceaux de la Flandre, n° 5684. — Haut. 13 mill. larg. 13.

221. Lion saisissant une proie. Fragment.

Intaille au sceau de Hugues d'Amiens, archevêque de Rouen, vers 1148; Arch. nat. anc. Coll. n° 6361. — Haut. 15 mill. larg. 19.

222. Lion ou Sphinx? couché.

Intaille au sceau de Roger de Rupierre, 1266; Arch. nat. anc. Coll. n° 3489. — Haut. 11 mill. larg. 13.

223. Lion ou Sphinx? couché.

Intaille au sceau de Baude de Douayeul, bourgeois de Douai, 1244: Arch. nat. anc. Coll. n° 4091. — Haut. 15 mill. larg. 20.

224. Ours passant à droite.

Intaille au contre-sceau de Guillaume de Morteiner, chevalier, 1234; Arch. nat. sceaux de la Normandie, n° 13923. — Haut. 12 mill. larg. 16.

225. Taureau marchant à droite.

Intaille au contre-sceau de Jean de Joinville, sénéchal de Champagne, 1255; Arch. nat. anc. Coll. suppl. n° 1181. — Haut. 10 mill. larg. 13.

226. Taureau paissant, sous un arbre.

Intaille au contre-sceau de Gérard de Denain, chanoine de Saint-Géry de Cambrai, 1316; Arch. nat. sceaux de la Flandre, n° 6415. — Haut. 12 mill. larg. 14.

Cf. Chabouillet. *Cab. des Ant.* n° 1959 et suiv.

227. Taureau marchant à droite.

Intaille au sceau de Guillaume de Morel, maître des Hospitaliers de Paris, 1257; Arch. nat. anc. Coll. suppl. n° 20. — Haut. 9 mill. larg. 10.

Voy. H. Schuermans, *Bull. des comm. roy. d'art et d'archéol.* 11e année, 7 et 8, p. 359.

228. Taureau marchant à gauche.

Intaille au contre-sceau de Hugues d'Amiens, archevêque de Rouen, 1154; Arch. nat. anc. Coll. n° 6362. — Haut. 9 mill. larg. 11.

229. Deux vaches, l'une debout, l'autre couchée.

Intaille au sceau d'un baron anglais, 1259; Arch. nat. anc. Coll. n° 10096. — Haut. 10 mill. larg. 14.

Cf. Chabouillet, *Cab. des Ant.* n° 1970; — Michel Ange, *Gem. antiq* pl. CLXXII.

230. Cerf couché.

Intaille au sceau d'Etienne de Rue, xive siècle; Arch. nat. sceaux de la Flandre, n° 7678. — Haut. 7 mill. larg. 9.

231. Mouton? sur la proue d'un vaisseau.

Intaille au sceau de Jacquemart de Villers, valet de la comtesse d'Artois, 1303; Arch. nat. sceaux de l'Artois, n° 2243. — Haut. 13 mill. larg. 11.

Le sujet rappelle l'anneau de famille de Galba: un chien sur la proue d'un vaisseau.

232. La Louve allaitant Romulus et Rémus.

Intaille au contre-sceau d'Adam Esturion, homme du château d'Arras, 1244; Arch. nat. sceaux de l'Artois, n° 735. — Haut. 9 mill. larg. 14.

Cf. Chabouillet, *Cab. des Ant.* n°s 1529, 1530; — Gori, *Mus. florent.* t. II, pl. XIX, fig. 1 et 2, et pl. LIV, fig. 1 à 5; — Maffei, *Gem. antich.* t. IV, pl. V; — Gorlæus, *Dactyl.* t. I, fig. 1.

233. Lévrier saisissant un lièvre.

Intaille au sceau de Jean le Breton, pelletier et bourgeois de Paris, 1301; Arch. nat. sceaux de l'Artois, n° 1314. — Haut. 11 mill. larg. 14.

234. Chien de garde à droite.

Intaille au contre-sceau de Guillaume Midis, abbé de Saint-Aubert de Cambrai, 1231; Arch. nat. sceaux de la Flandre, n° 6895. — Haut. 9 mill. larg. 10.

235. Aigle.

Intaille aux contre-sceaux de Jean et de Pierre de Préaux, 1210, 1303; Arch. nat. anc. Coll. n° 3304, et sceaux de la Normandie, n° 15177. — Haut. 14 mill. larg. 11.

236. Aigle, les ailes déployées.

Intaille au contre-sceau de Hugues V, abbé de Saint-Denis, 1196 : Arch. nat. anc. Coll. n° 9016. — Haut. 11 mill. larg. 13.

237. Aigle, les ailes déployées.

Intaille au contre-sceau de Jean II, abbé d'Auchy, 1219, 1231 : Arch. nat. anc. Coll. n°s 8500, 8501. — Haut. 11 mill. larg. 10.

238. Aigle triomphale tenant la couronne dans son bec.

Intaille au sceau de Jean du Tour, trésorier de l'ordre du Temple à Paris, 1295 : Arch. nat. anc. Coll. n° 9872. — Haut. 11 mill. larg. 8.

Cf. les aigles sur les cippes funéraires au musée du Louvre, sculpt. antiq. — Chabouillet, *Cab. des Ant.* n°s 1979, 1981 ; — Maffei, *Gem. antich.* t. IV, pl. XXXIV ; — Gorlæus, *Dactyl.* t. I, fig. 91 et 129.

239. Aigle triomphale sur un autel, portant une couronne dans son bec.

Intaille au contre-sceau de Richard, abbé de Lire, 1224 : Arch. nat. anc. Coll. n° 8797. — Haut. 16 mill. larg. 12.

Voy. la note du numéro précédent.

240. Aigle au repos.

Intaille au sceau de Guillaume Pointel, 1211 ; Arch. nat. sceaux de la Normandie, n° 13945. — Haut. 9 mill. larg. 12.

241. Aigle ou Oiseau de vol de profil, liant un lièvre.

Intaille au contre-sceau de maître Raimond, arbalétrier du roi, XIIIe siècle ; Arch. nat. anc. Coll. n° 5344. — Haut. 7 mill. larg. 9.

242. Aigle prenant l'essor.

Intaille au contre-sceau de Richard III, évêque d'Avranches, 1179 ; Arch. nat. anc. Coll. n° 6486. — Haut. 9 mill. larg. 7.

243. Aigle dévorant un serpent.

Intaille au contre-sceau de Gérard de Basoches, évêque de Noyon, 1223 ; Arch. nat. anc. Coll. n° 6746. — Haut. 18 mill. larg. 14.

244. Deux oiseaux posés vis-à-vis l'un de l'autre, la tête contournée, tenant chacun à leur bec un fleuron.

Intaille au contre-sceau de Thomas de Ham, connétable de Tripoli, 1228; Arch. nat. sceaux de l'Artois, n° 14. — Haut. 9 mill. larg. 13.

Le dessin des oiseaux assigne à cette pierre une origine orientale.

245. Deux oiseaux posés vis-à-vis l'un de l'autre, sur le bord d'un vase à deux anses.

Intaille au contre-sceau de Jacques de Dinan, archidiacre de Térouane, 1340; Arch. nat. anc. Coll. n° 7456. — Haut. 12 mill. larg. 10.

246. Deux corbeaux posés vis-à-vis l'un de l'autre, becquetant dans un vase.

Intaille au contre-sceau de Robert Corbet, xiiie siècle; Arch. nat. sceaux de la Normandie, n° 15884. — Haut. 11 mill. larg. 15.

Représentation parlante : corbeaux par allusion à Corbet.

247. Crocodile.

Intaille au contre-sceau de Robert, comte de Dreux, 1184; Arch. nat. anc. Coll. n° 720. — Haut. 10 mill. larg. 13.

Cf. Chabouillet, *Cab. des Ant.* n° 2203.

248. Grappe de raisin.

Intaille au contre-sceau du prieur de Saint-Arnoul de Crépy, 1256; Arch. nat. sceaux de la Picardie, n° 1461. — Haut. 7 mill. larg. 5.

GRYLLES.

249. Têtes de Jupiter et d'Io réunies.

Intaille au sceau de Dreux de Cardeuil, chanoine de Noyon, 1211; Arch. nat. anc. Coll. n° 7772. — Haut. 15 mill. larg. 13.

Pour tous les grylles, cf. Gori, *Mus. florent.* t. I, pl. XLVI à LI; — Gorlæus, *Dactyl.* t. II, fig. 299 à 323.

250. Tête de Minerve au casque orné d'une aigrette et finissant par derrière en une tête silénique.

Intaille au sceau de Mathieu le Gros, maire de Rouen en 1199 et 1200; Arch. nat. sceaux de la Normandie, n° 1440?. — Haut. 15 mill. larg. 13.

251. TÊTE de Minerve au casque orné d'une aigrette et se terminant par derrière en une tête silénique.

Intaille au contre-sceau du chapitre de Noyon, 1209 à 1462; Arch. nat. anc. Coll. n° 7243, et sceaux de la Picardie, n°s 1154, 1155. — Haut. 17 mill. larg. 14.

Voy. H. Schuermans, *Bull. des comm. roy. d'art et d'archéol.* 11e année, 7 et 8, p. 358.

252. BUSTE de Minerve coiffée d'un casque à visière ornée d'une tête silénique et finissant par derrière en tête socratique.

Intaille au contre-sceau de Raoul, abbé de Saint-Corneille de Compiègne, 1239, et de Raoul, abbé de Corbie, 1247; Arch. nat. anc. Coll. n° 8661, et sceaux de la Picardie, n° 1370. — Haut. 16 mill. larg. 12.

253. BUSTE de Minerve coiffée d'un casque à visière ornée d'une tête silénique.

Intaille au sceau de Leonardo Frescobaldi, marchand florentin, 1516; Arch. nat. anc. Coll. n° 11744. — Haut. 13 mill. larg. 9.

254. BUSTE de Minerve coiffée d'un casque à visière décorée d'une tête silénique.

Intaille au contre-sceau de Hélie, abbé de Sainte-Colombe de Sens, 1212; Arch. nat. anc. Coll. n° 9106. — Haut. 14 mill. larg. 12.

255. TÊTE virile, imberbe, laurée, et tête socratique réunies.

Intaille au sceau de Mathurin Rogier, gouverneur d'Artois, 1364; Arch. nat. sceaux de l'Artois, n° 1824. — Haut. 14 mill. larg. 12.

256. TÊTES de femme et de Silène réunies.

Intaille au sceau de Raimond de Salgis, maître des requêtes de l'hôtel, 1341; Arch. nat. anc. Coll. n° 4419. — Haut. 15 mill. larg. 12.

257. Deux visages grotesques réunis et semblant former une représentation phallique.

Intaille au sceau de Richard de Kolm, chanoine d'York, 1402; Arch. nat. anc. Coll. n° 10245. — Haut. 9 mill. larg. 7.

258. Tête de femme réunie à deux têtes siléniques.

Intaille au contre-sceau de Geoffroi de Joinville, sire de Vaucouleurs, 1299; Arch. nat. anc. Coll. n° 2494. — Haut. 14 mill. larg. 17.

259. Têtes de femme, de Faune et d'Hercule réunies sur un seul buste.

Intaille au sceau d'un seigneur nommé Henri Philippe, XIVe siècle; Arch. nat. anc. Coll. n° 3203. — Haut. 10 mill. larg. 8.

260. Trois têtes de Faune? réunies.

Intaille au contre-sceau de Raoul Haton, panetier de France, 1289; Arch. nat. anc. Coll. n° 285. — Haut. 10 mill. larg. 9.

261. Masque grotesque à trois visages.

Camée au sceau de Henri Piquart, bourgeois de Londres, 1360; Arch. nat. anc. Coll. n° 10213. — Haut. 7 mill. larg. 9.

262. Masque à cinq visages faunesques, virils, barbus.

Intaille au petit sceau de Thibaud IV, roi de Navarre, 1245; Arch. nat. anc. Coll. n° 11373. — Haut. 13 mill. larg. 11.

263. Masque à cinq visages.

Intaille au contre-sceau de Pierre de Villaines, 1362; Arch. nat. sceaux de l'Île-de-France, n° 1032. — Haut. 10 mill. larg. 8.

264. Grylle à six visages, dont les trois principaux féminins et les trois autres siléniques.

Intaille au contre-sceau de Bernard et de Nicolas, abbés du Mont-Saint-Éloy, 1315 et 1326; Arch. nat. sceaux de l'Artois, n°s 2688, 2689. — Haut. 17 mill. larg. 14.

265. Personnage sans torse, un genou en terre; la tête prend naissance à la partie supérieure des cuisses.

Intaille au sceau de Raoul Aubry, homme de fief du chapitre de Lille, 1320; Arch. nat. sceaux de la Flandre, n° 2963. — Haut. 14 mill. larg. 10.

266. Tête d'aigle combinée avec deux têtes siléniques.

Intaille au contre-sceau de Raoul de Torote et de Robert de Milan, évêques de Verdun, 1238, 1264; Arch. nat. anc. Coll. n° 6927, et sceaux de la Flandre, n° 5967. — Haut. 9 mill. larg. 13.

267. Tête d'aigle combinée avec une tête silénique et une tête de Bacchus.

Intaille au signet de l'official de Bayeux, 1411; Arch. nat. sceaux de la Normandie, n° 16283. — Haut. 8 mill. larg. 11.

268. Grue ou Cigogne dont le corps est formé de deux masques faunesques adossés. Dans le champ, des rameaux.

Intaille au contre-sceau de Denis de Sens, doyen de Sens, 1317; Arch. nat. anc. Coll. n° 7593. — Haut. 10 mill. larg. 8.

269. Grappe de raisin, formée de deux masques barbus réunis.

Intaille au contre-sceau de Jean, abbé de Sept-Fontaines, 1185; Arch. nat. anc. Coll. n° 9109. — Haut. 14 mill. larg. 11.

II. — ICONOGRAPHIE ROMAINE.

270. Jules-César. Buste lauré à gauche.

Intaille au sceau d'Amiot Arnaud, procureur du duc de Bourgogne, 1386; Arch. nat. sceaux de la Flandre, n° 5727. — Haut. 10 mill. larg. 9.

Voy. le Cab. des méd. de la Bibl. nat. — *Trés. de numism. icon. rom.* pl. II.

271. Jules-César. Buste à droite.

Intaille au sceau d'un général conseiller des aides, 1374; Bibl. nat. titres scellés de Clairamb. reg. 34. — Haut. 14 mill. larg. 9.

272. Octavie, femme de Marc-Antoine; peut-être Livie? Buste lauré à droite.

Intaille au contre-sceau de Roger, sous-chantre de Chartres, 1221; Arch. nat. anc. Coll. n° 7632. — Haut. 15 mill. larg. 13.

Voy. le Cab. des méd. de la Bibl. nat. — *Trés. de numism. icon. rom.* pl. III, fig. 5, et pl. IV, fig. 12 et 13.

273. Auguste jeune. Buste à droite, revêtu du paludamentum.

Intaille au sceau de Pépin le Bref, vers 751; Arch. nat. anc. Coll. n° 12. — Haut. 18 mill. larg. 12.

Cf. *Trés. de numism. icon. rom.* pl. IV, fig. 4.

274. Auguste. Buste lauré à droite. Peut-être Domitien?

Intaille au sceau de Pépin Ier, roi d'Aquitaine, 829; Arch. nat. anc. Coll. n° 18. — Haut. 13 mill. larg. 9.

Voy. le Cab. des méd. de la Bibl. nat. — *Trés. de numism. icon. rom.* pl. IV à XI.

275. Néron. Buste lauré à droite.

Intaille au sceau de Thomas Morus, 1525; Arch. nat. anc. Coll. n° 10172. — Haut. 15 mill. larg. 12.

Voy. le Cab. des méd. de la Bibl. nat. — *Trés. de numism. icon. rom* pl. XI, XVI, XVII.

276. Othon? Buste à droite.

Intaille au sceau de Pierre de Chevreuse, maître d'hôtel du roi, 1374; Bibl. nat. titr. scell. de Clairamb. reg. 34. — Haut. 9 mill. larg. 7.

Voy. le Cab. des méd. de la Bibl. nat.

277. Titus. Buste lauré à droite.

Intaille au sceau de Girolamo Frescobaldi, marchand florentin, 1516; Arch. nat. anc. Coll. n° 11742. — Haut. 9 mill. larg. 7.

Voy. le Cab. des méd. de la Bibl. nat. — *Trés. de numism. icon. rom.* pl. XX à XXII.

278. Julie, fille de Titus. Buste à droite.

Intaille au signet de l'official de Cambrai, 1403; Arch. nat. sceaux de la Flandre, n° 5989. — Haut. 13 mill. larg. 10.

Voy. le Cab. des méd. de la Bibl. nat.

279. Domitia? Buste à droite.

Intaille au signet de Marguerite de Flandre, femme de Philippe le Hardi, duc de Bourgogne, 1382; Arch. nat. sceaux de l'Artois, n° 36. — Haut. 13 mill. larg. 9.

Voy. le Cab. des méd. de la Bibl. nat.

280. Trajan. Buste à droite.

Intaille au signet de l'official de Cambrai, 1357; Arch. nat. sceaux de la Flandre, n° 5986. — Haut. 13 mill. larg. 11.

Voy. le Cab. des méd. de la Bibl. nat. — *Trés. de numism. icon. rom.* pl. XXV à XXIX.

281. Trajan. Buste lauré à gauche.

Intaille au contre-sceau de Jean Mancel, trésorier de l'église de Warwick, 1259; Arch. nat. anc. Coll. n° 10244. — Haut. 20 mill. larg. 16.

Voy. la note du n° 280.

282. Hadrien. Buste à droite.

Intaille au contre-sceau de Hugues de Chevincourt, abbé de Saint-Riquier, 1231; Arch. nat. sceaux de la Picardie, n° 1422. — Haut. 14 mill. larg. 12.

Cf. *Trés. de numism. icon. rom.* pl. XXVIII et suiv.

283. Hadrien. Buste lauré à gauche.

Intaille au sceau de Louis III de Germanie, roi de Saxe, 878; Arch. nat. anc. Coll. n° 10881. — Haut. 26 mill. larg. 19.

Voy. le Cab. des méd. de la Bibl. nat. — *Trés. de numism. icon. rom.* pl. XXVIII à XXXI.

284. Antonin. Buste à gauche.

Intaille au sceau de Jean de Sainte-Aldegonde, bourgeois de Saint-Omer, 1301; Arch. nat. sceaux de l'Artois, n° 1220. — Haut. 25 mill. larg. 17.

Pour tous les Antonins, voyez le Cab. des méd. de la Bibl. nat. — *Trés. de numism. icon. rom.* pl. XXXII, XXXIII.

285. Antonin. Buste à droite.

Intaille au contre-sceau de Jean de Sours, chevalier, 1260; Arch. nat. anc. Coll. n° 3645. — Haut. 16 mill. larg. 12.

286. ANTONIN. Buste lauré à droite.

Intaille au sceau de Louis l'Aveugle, empereur d'Occident, 924; Bibl. nat. fonds de Cluny. — Haut. 25 mill. larg. 19.

287. ANTONIN. Buste lauré à gauche, revêtu du paludamentum.

Intaille au sceau de l'abbaye de Chaumont, 1215; Arch. nat. sceaux de la Picardie, n° 1316. — Haut. 36 mill. larg. 26.

288. ANTONIN. Buste lauré à droite.

Intaille au signet de l'official de Rouen, 1442, 1427; Arch. nat. sceaux de la Normandie, n° 15078, 15080. — Haut. 12 mill. larg. 9.

289. ANTONIN. Buste diadémé à droite, revêtu du paludamentum.

Intaille au sceau d'Edgard, roi d'Angleterre, 960; Arch. nat. anc. Coll. n° 9996. — Haut. 26 mill. larg. 20.

290. ANTONIN? Buste diadémé à droite.

Intaille au sceau d'Offa, roi des Merciens, 790; Arch. nat. anc. Coll. n° 9995. — Haut. 30 mill. larg. 28.

291. ANTONIN? Buste barbu à droite.

Intaille au sceau de Jean de la Salle, homme de la salle de Lille, 1291; Arch. nat. sceaux de la Flandre, n° 2749. — Haut. 14 mill. larg. 10.

292. MARC-AURÈLE. Buste à droite.

Intaille au sceau de Charlemagne, 774; Arch. nat. anc. Coll. n° 15. — Haut. 26 mill. larg. 20.

Voy. le Cab. des méd. de la Bibl. nat. — *Trés. de numism. icon. rom.* pl. XXXIV à XXXVIII.

293. MARC-AURÈLE OU LUCIUS VERUS. Buste barbu à droite. Dans le champ une inscription fruste.

Intaille au contre-sceau de Roger de Rosoy, évêque de Laon, 1185; Arch. nat. anc. Coll. n° 6633. — Haut. 12 mill. larg. 9.

294. Lucius Verus. Buste à gauche.

Intaille au sceau de Louis de Royre, doyen d'Herment, 1260; Arch. nat. anc. Coll. n° 7539. — Haut. 21 mill. larg. 15.

Voy. le Cab. des méd. de la Bibl. nat. — *Trés. de numism. icon. rom.* pl. XXXVI, XXXVII.

295. Lucius Verus et Commode enfant. Bustes vis-à-vis, accompagnés des trois lettres C, B, M. Fragment.

Intaille, qui devait contenir trois bustes, au sceau de Jean de Froidmont, chanoine de Cambrai, 1266; Arch. nat. sceaux de la Flandre, n° 6396. — Haut. 13 mill. larg. 18.

Il est impossible de faire concorder les initiales avec les types des personnages représentés. Celui de Lucius Verus étant très-connu, les lettres doivent avoir une tout autre signification. M. E. Récamier, dont la collection renferme plusieurs plombs analogues à l'intaille ci-dessus, les considère comme des marques de la douane romaine.

296. Commode jeune. Buste à droite.

Intaille au sceau de Robert de Beaumanoir, 1408; Bibl. nat. titres scellés de Clairamb. reg. 12. — Haut. 12 mill. larg. 10.

297. Commode. Buste lauré à droite.

Intaille au sceau de Louis le Débonnaire, 816; Arch. nat. anc. Coll. n° 17. — Haut. 25 mill. larg. 19.

Voy. le Cab. des méd. de la Bibl. nat. — *Trés. de numism. icon. rom.* pl. XXXV à XXXVII.

298. Julie et Septime-Sévère. Bustes vis-à-vis l'un de l'autre.

Intaille au sceau de Thierri de Brederode, 1298; Arch. nat. sceaux de la Flandre, n° 651. — Haut. 17 mill. larg. 20.

Cf. Maffei, *Gem. ant.* t. I, pl. XLVIII. — Voy. le Cab. des méd. de la Bibl. nat. — *Trés. de numism. icon. rom.* pl. XLI à XLIV.

299. Caracalla imberbe. Buste lauré, à droite, revêtu du paludamentum.

Intaille au sceau de Raoul Recuchon de Boisrobert, 1322; Arch. nat. sceaux de la Normandie, n° 14748. — Haut. 32 mill. larg. 18.

Voy. le Cab. des méd. de la Bibl. nat. — *Trés. de numism. icon. rom.* pl. XLII à XLIV.

300. JULIE et CARACALLA. Bustes vis-à-vis.

Intaille au sceau d'Amauri et de Roger le Gros, frères, bourgeois de Rouen, fin du XIIe siècle; Arch. nat. sceaux de la Normandie, n° 14403. — Haut. 8 mill. larg. 10.

Voy. le Cab. des méd. de la Bibl. nat.

301. ALEXANDRE-SÉVÈRE. Buste lauré, à droite, avec le paludamentum.

Intaille au sceau de Lothaire Ier, 843; Arch. nat. anc. Coll. n° 20. — Haut. 23 mill. larg. 19.

Voy. le Cab. des méd. de la Bibl. nat. — *Trés. de numism. icon. rom.* pl. XLVI, XLVII.

302. BALBIN. Buste à droite, couronne radiée, revêtu du paludamentum.

Intaille au sceau de Jacques Froissart, chanoine d'Avranches, 1365; Bibl. nat. titres scellés de Clairamb. reg. 50. — Diam. 11 mill.

Voy. le Cab. des méd. de la Bibl. nat.

303. JULIEN II en SÉRAPIS. Buste à gauche.

Intaille au sceau de Jean Guignesoye, écuyer, 1415; Arch. nat. anc. Coll. n° 2332. — Haut. 9 mill. larg. 7.

Voy. le Cab. des méd. de la Bibl. nat.

304. BUSTE à gauche.

Camée au sceau de Charles le Chauve, 846; Arch. nat. anc. Coll. n° 22. — Haut. 44 mill. larg. 37.

305. Buste lauré, à droite, revêtu du paludamentum.

Intaille au sceau de Charles le Chauve, 843; Arch. nat. anc. Coll. n° 21. — Haut. 27 mill. larg. 19.

306. Buste lauré, à droite, revêtu du paludamentum.

Intaille au sceau de Charles le Chauve, 877; Arch. nat. anc. Coll. n° 26. — Haut. 29 mill. larg. 25.

307. BUSTE lauré, à droite, revêtu du paludamentum.

Intaille au sceau de Charles le Simple, 951 ; Arch. nat. anc. Coll. n° 29. — Haut. 29 mill. larg. 22.

Le profil busqué de cette tête, qui ne rappelle en rien l'antiquité, n'est pas sans analogie avec le profil de la précédente.

308. Buste lauré, à gauche, revêtu du paludamentum.

Camée au sceau de G. doyen d'Ernée, xiiie siècle; Arch. nat. sceaux de la Normandie, n° 16163. — Haut. 23 mill. larg. 17.

309. Buste lauré, à droite.

Intaille au sceau de Guillaume Julien, orfèvre du roi, 1298; Bibl. nat. titres scellés de Clairamb. reg. 62. — Haut. 13 mill. larg. 11.

III. — PIERRES CHRÉTIENNES.

310. Deux Anges debout, nimbés, vis-à-vis l'un de l'autre, tenant une croix latine. Dans le champ en haut, on croit distinguer le mot Johannes.

Intaille au contre-sceau de Jean III et de Jean IV, comtes de Vendôme, 1220, 1230; Arch. nat. anc. Coll. n°s 987, 988. — Haut. 23 mill. larg. 15.

311. Abbesse debout, coiffée en voile, crossée, tenant un livre.

Intaille au contre-sceau de l'abbaye de la Trinité de Caen, 1221, et au contre-sceau de Béatrix, abbesse de cette même abbaye, 1271; Arch. nat. sceaux de la Normandie, n° 15929, et anc. Coll. n° 9193. — Haut. 17 mill. larg.

312. Abbesse debout, en voile, crossée, tenant un livre?

Intaille au deuxième contre-sceau de l'abbaye de la Trinité de Caen, 1251; Arch. nat. sceaux de la Normandie, n° 15929. — Haut. 16 mill. larg. 12.

313. Saint-Pierre et Saint-Paul. Bustes en face l'un de l'autre, séparés par une croix.

Intaille au contre-sceau de Jean, évêque de Dublin, 1197; Arch. nat. sceaux de la Normandie, n° 16086. — Haut. 17 mill. larg. 20.

314. Agnus Dei, à droite.

Intaille au sceau d'Évrard de la Rive, bourgeois de Rouen, 1228;

Arch. nat. sceaux de la Normandie, n° 14693. — Haut. 14 mill. larg. 16.

315. Agnus Dei, à gauche.

Intaille au sceau de Thomas de Lampernesse, 1226; Arch. nat. anc. Coll. n° 2525. — Haut. 13 mill. larg. 16.

316. Saint Michel pesant une âme. Le saint debout, ailé, de profil à droite, tenant une balance; à ses pieds le défunt assis.

Intaille au sceau de Chrétien, chanoine d'Amiens, 1210; Arch. nat. sceaux de la Picardie, n° 1220. — Haut. 21 mill. larg. 13.

317. Personnage debout, de profil à droite, tenant une croix. Dans le champ, une croisette.

Intaille au contre-sceau du chapitre de Tournay, 1257, 1283, 1374; Arch. nat. sceaux de la Flandre, n° 6084, et anc. Coll. n° 7340, 7341. — Diam. 17 mill.

318. Tête d'évêque, de face, mitrée et nimbée.

Intaille au contre-sceau d'Alfonse, évêque de Zamora, 1392; Arch. nat. anc. Coll. n° 11362. — Haut. 9 mill. larg. 10.

319. Évêque mitré. Buste de face.

Intaille au contre-sceau de la commanderie de Saint-Antoine de Viennois à Paris, 1489; Arch. nat. anc. Coll. n° 9946. — Haut. 16 mill. larg. 13.

320. Crosse tenue par un bras; elle est munie du sudarium.

Intaille au contre-sceau de Marie, abbesse de Marquette, 1409; Arch. nat. sceaux de la Flandre, n° 7265. — Haut. 13 mill. larg. 10.

321. La Vierge assise sur un trône d'architecture, nimbée, tenant l'enfant Jésus nimbé et un fleuron?

Intaille au contre-sceau de l'ordre des Hospitaliers teutoniques, 1286; Arch. nat. anc. Coll. n° 9952. — Haut. 6 mill. larg. 5.

Pierre très-remarquable en ce sens qu'elle est la reproduction fidèle de la Vierge représentée à la face du sceau. L'acte est passé à Acre, dans le palais de l'archevêque de Tyr.

322. La Vierge assise sur un lion? couché, nimbée, tenant l'enfant Jésus nimbé.

Intaille au sceau d'Isabelle de Bourbon, veuve de Griffon, seigneur de Montagu, 1378; Arch. nat. anc. Coll. n° 1502. — Haut. 8 mill. larg. 7.

323. Le Christ. Buste de face.

Intaille au sceau de Nicolas . . . . . général conseiller des aides, 1371; Arch. nat. anc. Coll. n° 5369. — Haut. 9 mill. larg. 8.

324. Tête du Christ, de face, nimbée du nimbe crucifère.

Intaille au signet d'un des gens des comptes du roi, 1415; Bibl. nat. titres scellés de Clairamb. reg. 3. — Haut. 12 mill. larg. 9.

325. Tête du Christ, de face.

Intaille au signet d'un général conseiller des aides, 1374; Bibl. nat. titres scellés de Clairamb. reg. 34. — Haut. 9 mill. larg. 7.

326. Piété. Un pélican sur son nid, nourrissant ses petits de son sang.

Intaille au sceau de Richard, évêque de Winchester, garde du sceau privé de Henri VII, 1507; Arch. nat. sceaux de la Flandre, n° 5968. — Haut. 12 mill. larg. 10.

327. Saint Georges à cheval, marchant à gauche, armé d'une croix, frappant le dragon. Dans le champ, une croisette.

Intaille au contre-sceau de Jean de Faye, archevêque de Tours, 1210; Arch. nat. anc. Coll. n° 6413. — Haut. 13 mill larg. 16.

328. Saint Georges à cheval, frappant le dragon.

Intaille au signet de l'official de Cambrai, 1362; Arch. nat. sceaux de la Flandre, n° 5987. — Haut. 15 mill. larg. 12.

329. Saint Georges à cheval, frappant le dragon. Dans le champ, en lettres gothiques : Joret Lari.

Intaille au signet de Joret Layr, receveur du comté de Montfort, 1415; Arch. nat. anc. Coll. n° 5404. — Haut. 15 mill. larg. 10.

330. Cavalier (saint Maurice?) paraissant couvert d'une ar-

mure de mailles ou treillissée, portant une croix, galopant à droite.

Intaille au contre-sceau de Gilles de Hallu, chevalier, 1237; Arch. nat. anc. Coll. n° 2350. — Diam. 18 mill.

331. Saint Paul? tête de trois quarts, à droite, barbue, à longs cheveux.

Intaille au contre-sceau de Garin, abbé de la Couture au Mans, xiiie siècle; Arch. nat. anc. Coll. n° 8819. — Haut. 14 mill. larg. 11.

332. Sainte Catherine, debout, couronnée, tenant une palme. A ses pieds la roue.

Intaille au signet de Digne Responde, procureur du duc de Bourgogne, 1386; Arch. nat. sceaux de la Flandre, n° 5728. — Haut. 9 mill. larg. 7.

333. Victoire transformée en ange. Ange debout, nimbé, tenant une croix.

Intaille au sceau de Nicolas du Donjon, 1240; Arch. nat. sceaux de la Normandie, n° 14690. — Haut. 12 mill. larg. 9.

334. Victoire transformée en ange. Ange debout, nimbé, tenant une croix.

Intaille au sceau d'un seigneur anglais, 1263; Arch. nat. anc. Coll. n° 10101. — Haut. 14 mill. larg. 11.

335. Victoire transformée en ange. Ange debout, nimbé, foulant aux pieds le dragon qu'il frappe du bâton d'une croix.

Intaille au sceau de Jean de Flainville, chanoine de Rouen, 1262; Arch. nat. sceaux de la Normandie, n° 14862. — Haut. 14 mill. larg. 12.

IV. — PIERRES GNOSTIQUES.

336. Abraxas Panthée à tête de coq, armé du bouclier et du fouet, les reins ceints d'un tablier, et, pour jambes, des serpents. Au-dessous, le mot grec ΑΒΡΑΣΑΣ écrit au rebours.

Intaille au sceau secret de Marguerite de Flandre, 1285; Arch. nat. sceaux de la Flandre, n° 165. — Haut. 16 mill. larg. 12.

Pour tous les abraxas, cf. Gori, *Thes. gemm.* t. I, pl. CLXXXIX à CXCIII; — Gorlæus, *Dactyl.* t. I, fig. 183, et t. II, fig. 137, 331 à 344, 404; — Matter, *Hist. crit. du gnost. atlas*; — Montfaucon, *Antiq. expliq.* t. II, 2e partie, livre III.

337. Abraxas Panthée à tête de coq, armé du bouclier et du fouet, les reins ceints d'un tablier, et, pour jambes, des serpents.

Intaille au contre-sceau de Louis le Jeune, 1174; Arch. nat. anc. Coll. n° 37. — Haut. 21 mill. larg. 14.

338. Abraxas Panthée à tête de coq, armé du bouclier et du fouet, les reins ceints d'un tablier, et, pour jambes, des serpents.

Intaille au contre-sceau de Rotrou, archevêque de Rouen, 1168-1184; Arch. nat. anc. Coll. n° 6363, et sceaux de la Normandie, n° 14387. — Haut. 16 mill. larg. 12.

339. Abraxas Panthée à tête de coq, armé du bouclier et du fouet, le tablier autour des reins, et, pour jambes, des serpents.

Intaille au sceau de Marie, dame de la Ferté, XIIe siècle; Arch. nat. sceaux de la Picardie, n° 311. — Haut. 22 mill. larg. 18.

340. Abraxas Panthée à tête de coq, armé du bouclier et du fouet, le tablier autour des reins, et, pour jambes, des serpents. Dans le champ, près de la tête, le carré mystique et un signe planétaire.

Intaille au contre-sceau de l'ordre du Temple, 1214 et 1235; Arch. nat. anc. Coll. nos 9860, 9861. — Haut. 15 mill. larg. 13.

341. Deux personnages; celui de droite, le seul à peu près distinct, est debout, la persée sur la tête, revêtu d'une longue robe, tenant une fleur à la main.

Intaille au sceau de Guillaume de Lohéac, XIIIe siècle; Arch. nat. anc. Coll. n° 2604. — Haut. 20 mill. larg. 15.

V. — PIERRES PARAISSANT DEVOIR ÊTRE ATTRIBUÉES AU MOYEN ÂGE.

342. Buste à droite, les cheveux courts, revêtu du paludamentum.

Intaille au sceau de Conrad, roi d'Arles et de Bourgogne, 943; Bibl. nat. fonds de Cluny. — Haut. 12 mill. larg. 10.

343. Buste de face, à longs cheveux, vêtu d'une tunique. Dans le champ, à droite, une flèche empennée, la pointe en bas.

Intaille au sceau de Lothaire, roi de France, 977; Arch. nat. anc. Coll. suppl. n° 24. — Haut. 26 mill. larg. 35.

La tête paraît appartenir à la tradition mérovingienne.

344. Buste à gauche, le front ceint d'une bandelette, les cheveux ramenés en arrière et noués à leur extrémité; un collier autour du cou.

Intaille aux sceaux de Gautier, chambrier de France, 1174, 1203, et au contre-sceau de Pierre de Nemours, évêque de Paris, 1211; Arch. nat. anc. Coll. n°s 231, 232, 6785. — Haut. 28 mill. larg. 20.

Cette pierre semble due à l'imitation d'une ancienne sculpture égyptienne. Gautier, chambrier de France, l'avait transmise à son fils, Pierre de Nemours, évêque de Paris.

345. Buste à gauche, couronné.

Intaille au sceau de maître Guillaume de Bardenay, 1211; Arch. nat. anc. Coll. n° 8046. — Haut. 8 mill. larg. 5.

346. Buste à droite, les cheveux courts.

Intaille au sceau de Clémence, dame de Sauqueville, 1237; Arch. nat. anc. Coll. suppl. n° 834. — Haut. 12 mill. larg. 9.

347. Cavalier au gonfanon, galopant à gauche. Dans le champ, un sigle ressemblant à deux N au rebours et conjuguées.

Intaille aux contre-sceaux de Raoul III de Nesle et de Jean, comtes de Soissons, 1115, 1262; Arch. nat. anc. Coll. n° 1011, et sceaux de la Picardie, n° 37. — Haut. 13 mill. larg. 17.

348. Cavalier au gonfanon, galopant à gauche. Dans le champ, le sigle II.

Intaille au sceau de Pierre de Longueville, fin du xiie siècle; Arch. nat. sceaux de la Normandie, n° 14095. — Haut. 14 mill. larg. 17.

349. Cavalier au gonfanon, galopant à droite.

Intaille au contre-sceau de Henri d'Apremont, 1331 : Arch. nat. anc. Coll. n° 6928. — Diam. 16 mill.

350. Chevalier armé d'une épée, sur un cheval couvert d'une housse.

Intaille au contre-sceau de Bérenger-Guillaume de Montclar, 1366 : Arch. nat. anc. Coll. n° 2893. — Haut. 6 mill. larg. 5.

351. Personnage à mi-corps, tête nue, barbu, revêtu d'une chlamyde, armé d'une massue? et d'un bouclier orné d'un mufle de lion.

Deux intailles, *semblables*, au sceau des foires de Champagne, 1292 : Arch. nat. anc. Coll. n° 4492. — Haut. 16 mill. larg. 11.

352. Buste de trois quarts, à gauche, revêtu de la chlamyde.

Intaille au sceau de Foulques de D. . . . 1350; Arch. nat. sceaux de l'Artois, n° 2916. — Haut. 16 mill. larg. 10.

353. Buste de femme, de trois quarts, à gauche, en chaperon?

Intaille au sceau de Henri, duc de Lancastre, 1352 : Arch. nat. anc. Coll. n° 10156. — Diam. 7 mill.

354. Les lettres I, R, F (Johannes, rex Francie) surmontées d'une couronne.

Intaille au cachet du roi Jean pour les lettres missives, 1362; Arch. nat. anc. Coll. n° 62. — Haut. 11 mill. larg. 11.

355. Tête de roi, de face, couronnée, à longs cheveux et à barbe.

Intaille au contre-sceau du secret de Charles V, 1371; Arch. nat. anc. Coll. n° 67, et Bibl. nat. titres scellés de Clairamb. reg. 17. — Haut. 10 mill. larg. 9.

356. Buste de femme, à gauche, les cheveux tressés.

Intaille au signet de Jean, duc de Bretagne, comte de Montfort, etc. 1387; Bibl. nat. titres scellés de Clairamb. reg. 48. — Fragment de 13 mill.? de diamètre.

357. Buste de femme, de face (Isabeau de Bavière?), les cheveux nattés sur les joues.

Intaille au signet de Charles VI, 1388; Arch. nat. anc. Coll. n° 71. — Haut. 13 mill. larg. 7.

358. Buste de femme, de trois quarts, coiffée d'un chapeau d'orfèvrerie.

Intaille au signet de Jean de Pressy, receveur général des aides d'Artois, 1404; Arch. nat. sceaux de l'Artois, n° 1881. — Haut. 11 mill. larg. 9.

359. Buste d'enfant, à gauche.

Intaille au signet de Guillaume de Tignonville, chambellan du roi et prévôt de Paris, 1406; Arch. nat. sceaux de l'Île-de-France, n° 919. — Haut. 10 mill. larg. 8.

360. Buste d'enfant, à gauche.

Intaille au signet d'un greffier de la prévôté de Paris, 1410; Arch. nat. anc. Coll. n° 4475. — Haut. 9 mill. larg. 7.

361. Buste d'enfant, à gauche.

Intaille au signet de Henri du Juch, chambellan et maître d'hôtel du roi, 1417; Bibl. nat. titres scellés de Clairamb. reg. 62. — Haut. 10 mill. larg. 8.

362. Buste d'enfant, à gauche.

Intaille au signet d'un greffier de la prévôté de Paris, 1420; Arch. nat. anc. Coll. n° 4478. — Haut. 8 mill. larg. 6.

363. Minerve casquée. Buste à gauche.

Intaille à un cachet de Louis de Bourbon, prince de Condé, sans date; Arch. nat. sceaux de l'Île-de-France, n° 943. — Haut. 12 mill. larg. 10.

364. Lion héraldique rampant, au lambel.

Intaille au contre-sceau de Jean de Chalon, sire d'Arlay, 1301; Arch. nat. anc. Coll. n° 1680. — Haut. 8 mill. larg. 7.

365. Lion héraldique rampant.

Intaille au signet de Marguerite de France, veuve de Louis Ier, comte de Flandre, 1367; Arch. nat. sceaux de l'Artois, n° 56. — Haut. 8 mill. larg. 7.

366. Lion héraldique passant à gauche.

Intaille au sceau de John Russell, 1546; Arch. nat. anc. Coll. n° 10192. — Haut. 10 mill. larg. 13.

367. Semé de croisettes.

Intaille à une bague d'Amédée VI, comte de Savoie, 1369; Arch. nat. anc. Coll. n° 11652. — Haut. 13 mill. larg. 9.

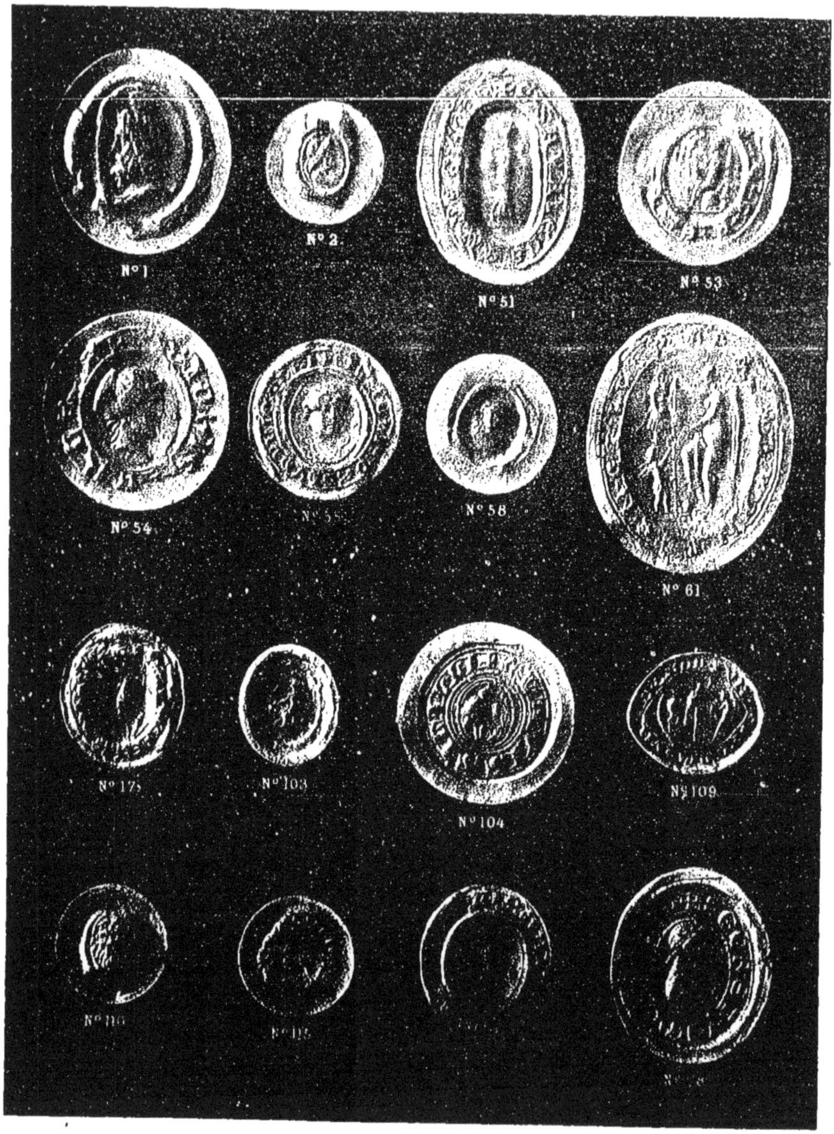
N° 1
N° 2.
N° 51
N° 53
N° 54
N° 55
N° 58
N° 61
N° 103
N° 104
N° 109

N° 155
N° 99
N° 196

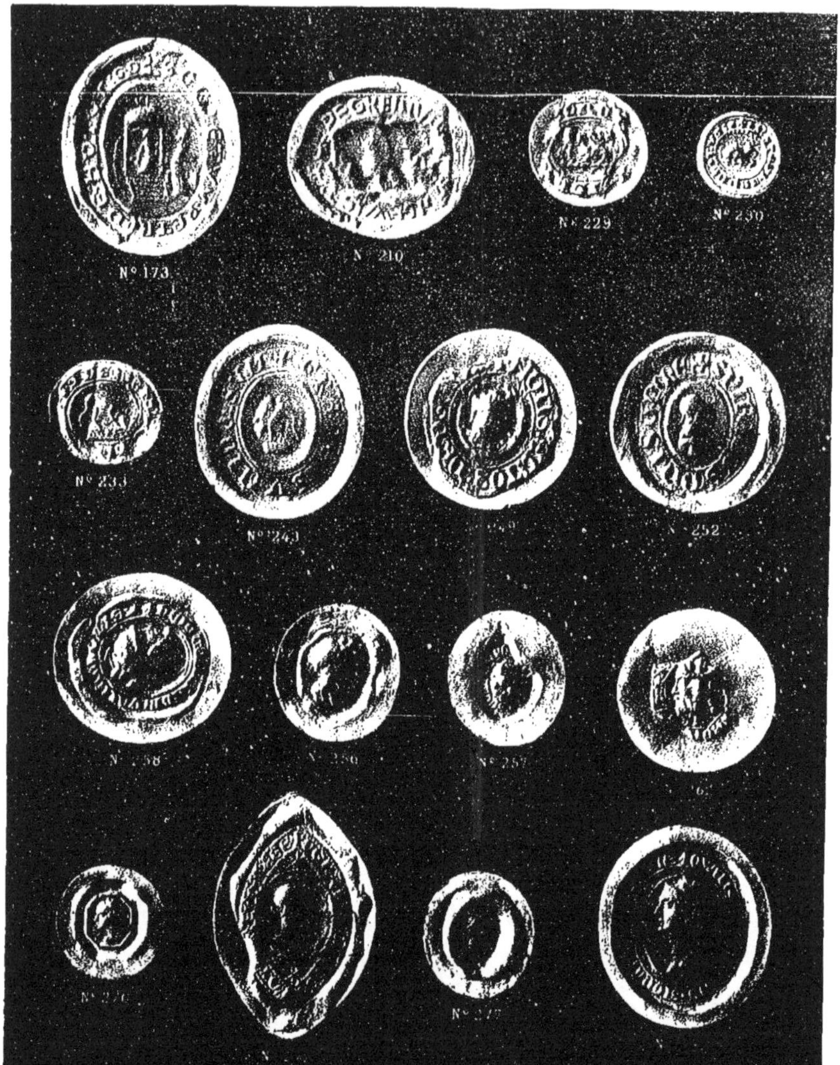
N° 173
N° 210
N° 229
N° 233
N° 243

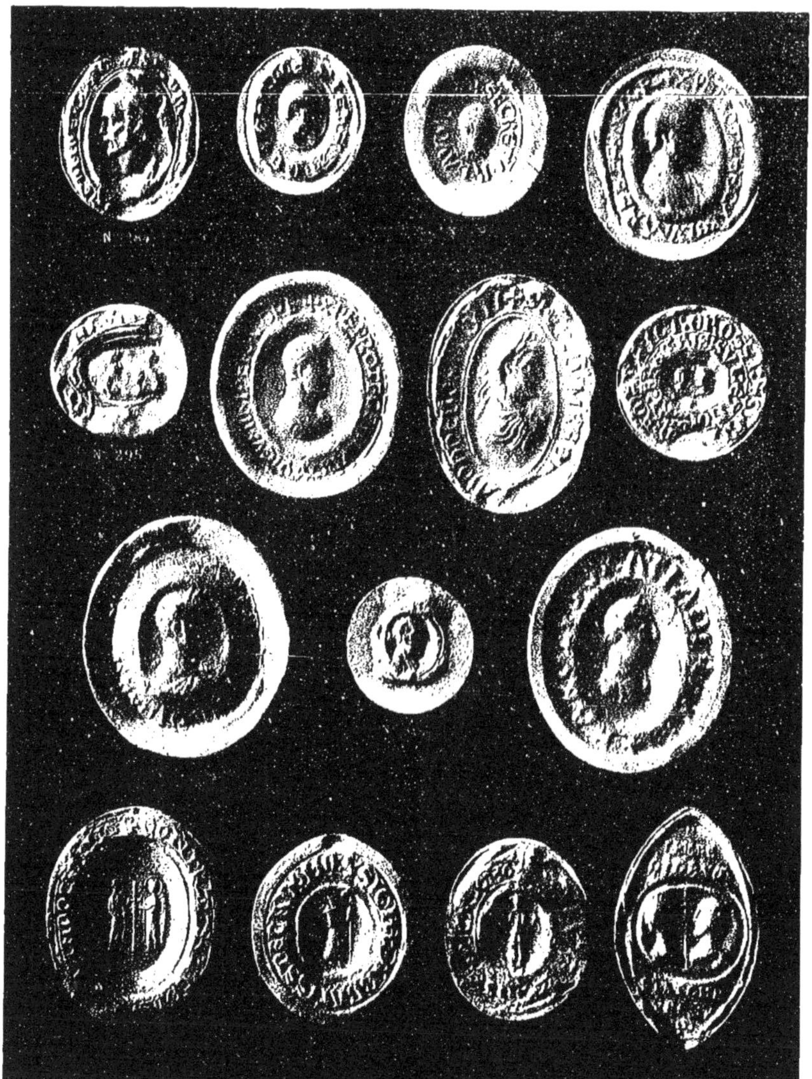

N° 350

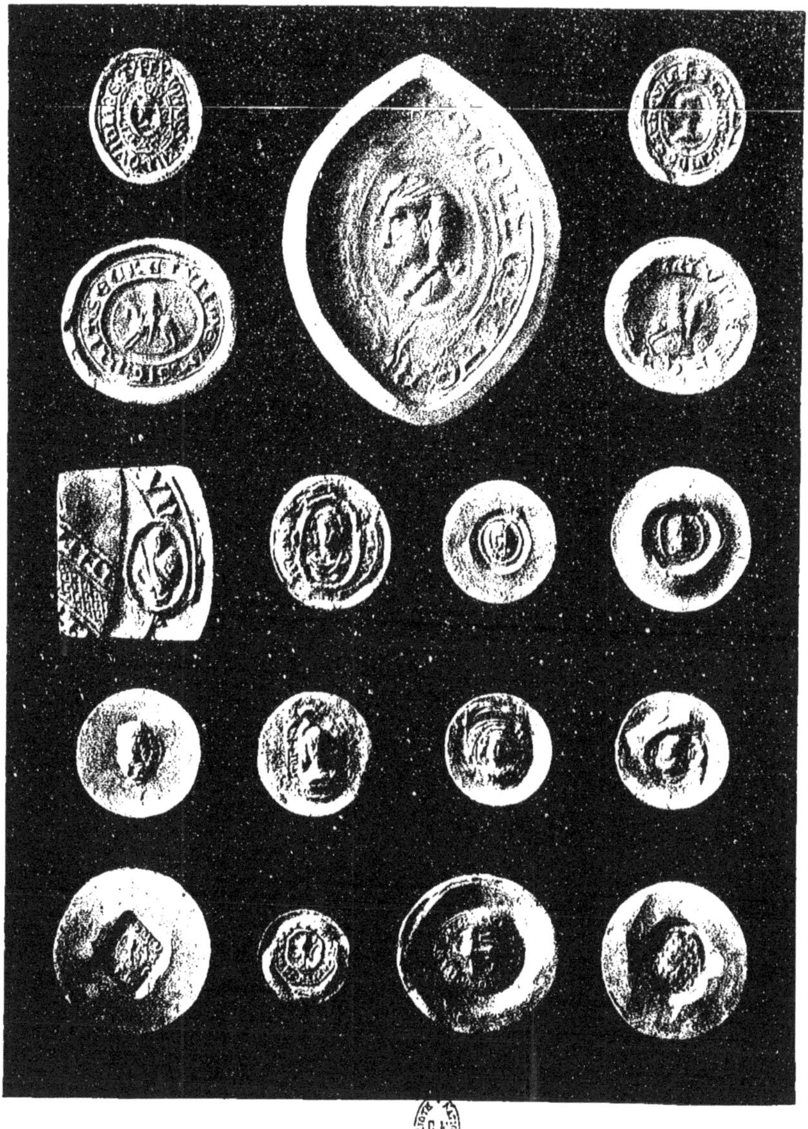

www.ingramcontent.com/pod-product-compliance
Ingram Content Group UK Ltd.
Pitfield, Milton Keynes, MK11 3LW, UK
UKHW031940260826
14628UKWH00004B/1754

9 782019 705633